JN410959

이슬의 어원

신연두 E-mail : hyoung0205@daum.net

전남 고흥출생
계간「스토리 문학」등단
도봉구 백일장 준장원
전국 김소월 백일장 차상

동인지
「새소리 밥상」
「가슴에 이는 파도」

이슬의 어원

초판 1쇄 인쇄 2016년 12월 16일
1쇄 발행 2016년 12월 20일

지은이 신연두
발행인 이용길
발행처 MOABOOKS 모아북스

디자인 이룸

출판등록번호 제 10-1857호
등록일자 1999. 11. 15
등록된 곳 경기도 고양시 일산동구 호수로(백석동) 358-25 동문타워 2차 519호
대표 전화 0505-627-9784
팩스 031-902-5236
홈페이지 www.moabooks.com
이메일 moabooks@hanmail.net
ISBN 979-11-5849-044-7 03810

이슬의 어원

신연두 지음

모아북스
MOABOOKS

첫걸음

가슴 설레이는 두려움이다
시샘에 조심스레
물을 길어 올린다
그 울림으로 한 걸음씩
발걸음을 뗀다

2016년 겨울
신연두

차례

제 1 부

제 2 부

제 3 부

제 4 부

제 1 부

다도해

밀물을 안고 서서히 썰물을 빼앗아 먹는 바다
짜디짠 물이 빠져나간 후에 갯벌 위에는
짱뚱어들의 놀이터가 된다

하루에 두 번씩 섬과 섬 사이를 밀고 오느라
태풍보다 무섭게 돌섶에 부딪치고는 이내
눈 깜짝할 사이에 파고든다

바닷물은 출렁이고 철썩이며 갯바위를 때린다
쪽빛바다는 금모래와 몽돌 자갈이 뒤엉켜있다

그들 사이에는 마음 홀쳐매기를 하고 있는 게
분명하다 자주 바라보지 않으면 조갈증 난 송아지마냥
울부짖음으로 토해낸다

바다는 나의 전부를 알지 못해도 나는 그를 알고 있다
바닷물은 어디서 부터 밀려와 어디까지 빠져 나가는 것
일까

그 신비로움에 갯벌을 훔쳐보느라 얼룩진 가슴이다

바닷가 모래톱에서 사랑을 쌓고 그곳에서
첫사랑과 아쉬움을 남겼지
바다는 비린내 나는 물고기만 노닌 게 아니라
풋풋한 소녀의 순정까지 썰물에 녹아내리게 한다
바다는 청보랏빛 사랑까지 끌고 다닌다

이슬의 어원

별빛 따라 수박서리 나섰다가 새벽이슬에 젖는다
아기 무게만큼 밭고랑에 펴런 줄기들이
방울방울 이슬을 머금고 있다
길게 손을 뻗어 별똥별까지 따다 담은 내
치마가 이슬을 맞아 무게에 내려 앉는다
서리 당한 수박은 단 내음이 연기처럼
피어오른다

어머니는 이슬 맞고 다니면 노곤하다는
말씀으로 나를 훔친다
친구들과 서리하는 날은 돌담에 쌓인 이슬을 풀잎으로 쓸어 담는다
노을이 타다 남아 한 줌의 재가 되어 새벽이슬로 내린다
그런 날은 까칠까칠한 풀잎에게 벤 미간이 간지럽다

길가 쌍둥이 묘에 이슬을 평상 삼아 누워
은하수를 가슴에 쏟아 붓는다
갯바람이 나를 몇 차례 덮치고 지나간다

심하게 한기가 드는 날은 두통도 앓았다
초승달을 어깨에 메고 집에 오는 날은 야윈
내 손끝에 이슬 한 줌 쥐고 들어왔다

산달이 되어 몸을 풀려는 나를, 어머니는
이슬이 비쳐야 아기를 낳는다는 말을 하신다
이슬은 영롱함이 묻어있어 새벽에만 그 빛을 발한다
사람이 이별을 앞세우면 눈가에 이슬이 맺힌다

연초록빛에 젖어

그에게 스며들어 머무는 곳 어디든
빛의 향기가 진동이다
상큼한 빛을 뿜어내면 취하고 만다
해마다 이맘때쯤이면 내 가슴 절반을 도려간다
그는 비단저고리 다리미질 자국을
선명하게 그려놓고 바람결에 나부낀다
새들도 불러 모아 음악회를 시작한다

강한 해님에게 도둑맞을까봐 두려움으로 몰려온다
배회하던 그가 최근엔
유럽풍의 집을 지었다는 소문이 무성하다
나는 그의 속성을 잘 알고 있다
얼마동안 있다가 다시 진하디 진한
초록별 집으로 이사를 간다는 것쯤
숱한 세월 속에 사랑의 세례를 주었던
물바가지는 손가락으로 셀 수 없다
머리를 질끈 동여맨 채 그의
친구들에게 안부를 전했다

미동도 하지 않는다

꽃잎들이 뽐내며 기대어 보지만 그에게
바통을 빼앗기고 만다
시속 구백 미터로 달리기를 한다는 것이다
별빛처럼 반짝이며 동백기름을
바르고 나의 함성을 외면 한다
세상에서 가장 멋지게 살고픈 그는 일 년에 한 번
나타나 번개 치듯 사라진다
강한 햇살이 그의 귓불을 높이 치켜세우고 있다
민들레, 제비꽃 작은 들풀들이 나를 위로한다

벚꽃 지다

나는 곡예사입니다
가냘픈 팔로 매달려 곡예를 합니다
가랑비에도 쉽게 흔들립니다
봄별을 적시느라 힘들어도 내색하지 않습니다
나는 구경나온 인파들 머리 위에
날아가기도 합니다
은하수와 별빛무리들이 떼지어
종종 걸음을 칠 때면 가슴이
바닷물결처럼 철썩거립니다

구름은 나를 어둠으로 몰아가지만 두렵지 않습니다
나는 짙은 화장을 좋아합니다
나를 보고 일본 사람이라고 하지만
나의 고향은 원래 제주도랍니다
사람들은 우산이 필요 없이 나를 맞으며
클래식을 연주합니다

나를 우러러 보는 이들 속에 보석처럼 흩날립니다
밤이면 불빛 속에 나를 우러러 봅니다
그러면 나는 무명천보다 더 흰옷과 립스틱보다
연한 핑크빛 입술로 도란도란 속삭입니다
하지만 나의 끈기 없음에 금방 뒤돌아서지요
내가 오래도록 사랑받을 수 있는 방법은 없나요

학의 DNA

아버지
백구두만 보면 당신 생각으로
목이 메입니다
여린 풀잎같이 윤기가 흐르던 당신은
여름이면 모시적삼에 부채를
한 손에 들고 지팡이로
멋을 내셨지요

배아프면 배를 문질러 주시고
따뜻한 등을 내어주시던 당신의 사랑은
가늠할 수 없는 사랑의 온도계였습니다

아버지
순백의 마음을 지니고
현자의 전기처럼 살아오셨던 당신은
천 년을 산다는 학이었습니다

이제야 당신의 뜻을 알 것만 같은 이 딸도
당신의 고매하신 성품을 따르며
시 쓰는 사람이 되었으니
저 또한 학처럼 살겠나이다

해 저무는 언덕에서

가을걷이가 시작된 들녘에 참새가 줄을 이어 하늘높이 오른다
아버님이 호탕한 웃음으로 다가오신다
임신한 나를 위해 일주일이 멀다하고
손편지를 보내주시던 아버님
그 마음은 너른 들판의 황금물결 같았다

편지는 사랑을 싣고 대학생 신랑을
대변해 주었다
분홍꽃무늬 내복과 함께 배달된 사연'
'자부 받아 보아라'
고딕체 글씨처럼 정갈한 성품 가슴에 젖어든다

끝없이 펼쳐진 가을들녘 마주하니 아버님 크신 사랑
햇살보다 더 강하게 반짝 인다
입 안 가득 찐쌀을 입에 물면 달달한 사랑 넘치도록 찰방찰방하다

이제 해창만 너른 들판을 바라보는
상포 언덕에 쓸쓸하게 누워
68년을 함께 한 어머님과 쓰디 쓴 이별의 악수를 하신다

일제강점기시대 6·25전쟁 보릿고개 산을 넘고 넘어
단풍나무 우거진 보슬보슬한 땅 기운 받아
영원한 하늘나라로 소풍 가신다

새소리 밥상

뿌연 어둠이 잔기침을 하며 똑똑 창문을 두드린다
새소리 자명종이 내 귀를 침범 한다
매일 반복되는 그들의 소리가 삼각산
하천을 따라 초록 이파리들에게 부딪친다
그들은 메조 포르테로 울림을 주니
달리는 차의 경적 소리는 기가 죽었다
테너와 소프라노로 듀엣 연주를 한다
매일 무심코 들었던 나는 문득 그의 이름이 궁금해
쫑긋쫑긋 귀를 앞세워 창밖으로 주파수를 맞춘다
사그라졌다 반복하기를 수차례
뭐 이름은 알아서 무엇 하랴
신새벽에 나를 깨워주는 몫이라 하자
빗소리까지 가세를 한다
어제 따가운 햇살을 부둥켜안은 먹구름은
문을 열고 나오더니 한소끔 눈물을 떨군다
그러자 턱밑에 있던 휴대폰 소리가 와르르 쏟아진다
갖가지 소리가 세상을 열고 닫는다

나는 그 맑은 소리들을 조심스럽게 불러 모아 아침상을 차린다

우주선, 나로호에 부쳐

남편의 늦은 귀갓길, 검은 봉지 하나 무겁게 들려있다
어라! 유자향을 잔뜩 짊어지고 온 게 아닌가
방마다 유리접시에 고향집 밭이랑을 옮겨놓았다
단숨에 변해버린 유자밭둑을 서성거린다
엄지를 치켜세운 지 오랜 세월이 지난 고흥 유자
주방에는 갯바람 소리가 향수를 불러 모으고
거실에는 유자 향기가 진동한다

어릴 적, 호수처럼 잔잔한
에메랄드빛 바다는 나에게 희망을 안겨주었다
연도교 아래 여수와 거문도를 오가는 여객선 뱃고동
소리가
하얀 물보라 일으키며 바닷길 한가운데 가로 지른다
해상국립공원과 유자 향기가 하모니를 이룬다

나로호 불기둥은 세계가 주목하고 있다
우주체험관이 세워지고 이소연 우주인과
과학인들이 끊임없이 드나드는 곳

온몸에 유자향기를 감싼 나로호가
번개처럼 푸른 창공을 날아오른다
나도 덩달아 가오리연을 길게 매달아
꿈에도 잊지 못할 고향하늘로 띄어 보낸다

떠나가는 배〈친구〉

둥둥, 푸른 배 하나 떠나 간다
빈 배로 와서
한 때 빈 배로 돌아다녔고
한 때는 만선이었던 배가 떠나간다
한 때의 과적을 견디지 못해
푸르고 맑은 바다를 배 하나 떠나간다
쉼 없이 눈비가 내리고 폭풍우가 몰아쳤을 인연의 바다
그는 쉬지 않고 돛을 달고 달렸지
끝내 항해를 이탈해 비틀거리고 닻을 내렸던 배가
이제 귀항하지 않겠노라
인연의 바다를 떠나간다

그는 늘 마음 넉넉한 선주였다
우리들은 그의 배에 탄 선원이었다
그의 포구엔 늘 수많은 배가 정박했다
이제 봄바람에 순풍을 단 그 배가
55년의 수고를 내려놓고
안식의 바다에 닻을 내린다

아, 우리들의 배여
이제 평화로운 포구에 닻줄을 매기를
이제 고통 없는 바다에서
풍랑 없는 바다에서 편히 쉬기를

우리의 스승〈나무〉

역사는 나무로부터 시작되었다
웅장한 팔만대장경은 산벚나무로 만들어졌다
강화도에서 만들어 해인사로 옮겨졌다는
설화를 아직도 학자들이 곱씹는다

옛날에 전봇대는 나무가 재료였다
그 안에 전선줄만 널 부러진 게
아니고 참새도 노닐다 간다
그들은 창호지 원료를 공급하느라
쇄골뼈가 닳았고 들길이나
길섶에 줄을 세우며 햇빛을 산다

집앞 아름드리는 따뜻한 아버지 가슴을 닮았다
논물에 구름을 살짝 얹혀 그림자를 드리운
메타세콰이어가 봄이
깊어지면 하늘나라 손과 마주한다
그가 바위를 친구로 삼고
인간을 지배하며 살고 있다

천둥번개는 그를 쉽게 받아들여
온갖 꽃을 피워내고 세상이 초토화되지
않도록 초록 덮개를 덮어준다
그는 인류의 가장 훌륭한 스승이다

4월의 노래

누가 너를 잔인하다고 했던가
너는 가장 인자한 성모마리아
너는 갖가지 향기로 내 마음에
울려 퍼진다
쌍무지개로 피어오른다

나는 너의 품에 안겨 미세한
진동을 느끼며
너를 마중하기 바쁘다

싱글벙글 노래하는 너에게
나뭇가지의 새들도 일제히
박수를 보낸다

너의 발걸음은 연둣빛에 취한
꽃 걸음이다
너의 머릿결은 찬란한 별들로
반짝인다

너의 웃음은 쉬지 않은 음표로
쏟아진다

은둔 생활로 잿빛이었다가
나타난 너의 노래
너는 다양한 파스텔로 제 몸을
그려나간다

먹다

김장이 양념을 먹고 있다
어려선 엄니가 해준 김장을 먹었고
학교 다니면서 올케언니 김장을 먹었다

막 결혼해서는 시어머니 김장을 먹었고
지금은 내가 담근 김장을 먹은 지 오래다

배추는 주부들의 손맛을 먹고
식구들은 여인네들의 손맛을 먹는다
전국 주부들 손맛은 갖가지인지라 그야말로
짠맛, 삼삼한 맛이다
양념도 지방마다 달라서 김장이 놀라운
겨울을 먹어치운다

서울에 오래 살다 보니 고향 맛을
꿀꺽 삼켜버렸다
내 겉절이는 구수한 젓갈을 넣은
전라도를 먹고

김장은 시원한 서울을 먹어버렸다

지금은 과학적으로 따져 어릴 때 먹었던
그 방식으로 공장에서 절임배추를 배달해
담가먹는 시대가 왔다
항아리는 탈탈 굶고 냉장고가 김치를 먹는
시절이 왔다

식당에 가면 울며 겨자먹기로 중국산
김치를 먹어야 한다

한국인은 김치를 먹어야 세상을 먹을 수 있다
건강하게 움직이는 한 김장은 겨울마다
담가먹을 우리의 먹거리다

불갑사의 꽃무릇

붉은 깃발 들고 요정처럼 솟아 오르는 꽃무릇
꽃을 피워낸 몸뚱어리는 야리야리한 초록의
행렬이다
누가 살짝 그녀 입술을 스치고 갔을까
까칫 입맞춤으로 다가오는 붉은 정열의 꽃
나무 사이에 한들한들 피워 뽐내는 꽃
동백꽃이 눈물을 훔치다 나락되어 쓰러진 자리에
고고한 자태를 뽐내고 있다
스님의 한 맺힌 원한이 핏빛으로 절절히 물 들은 것일까
빛이 반사되어 뙤약볕을 온몸으로 받아내고 있다
그녀의 보드라운 살갗 사이로 간간히 셔터 소리만 정적을 깨울 뿐
산사의 샘물에도 붉은 물이 들었다
눈부신 그녀를 업었더니 샘물도 자지러지는 소리를 낸다
꽃무리에 빠져 자지러지는 나를 발견한다

소나무 그늘 아래 한들거리는 꽃무릇
그는 가을산사의 주지스님이다

숲속의 행진곡

단풍나무가 머리를 흔들며 바람결 따라
어슬렁거립니다
서로 비슷한 몸집의 똑같은 이파리들이
기를 쓰며 물텀벙이 물장구 칩니다
맞은편에 측백나무가 우쭐됩니다

그에 뒤질세라 라일락이 실바람까지
어깨동무를 하고 눈웃음을 칩니다
땅바닥에 납작 엎드린 철쭉이 요란하게 손뼉을 칩니다
잿빛구름은 비를 데려와 이명이 들린다고 합니다
이파리들이 골짜기까지 쩌렁쩌렁 푸른
종을 울리며 사랑을 전송하고 있습니다

아개비가 무명치마를 두른 채 문지기를 합니다
어깨에 푸른 잎을 두르고 총총 걸음합니다
햇살은 순풍에 돛을 달고 따사로움 더해갑니다
새벽은 이슬을 데려와 여명의 문을 두드립니다

모두들 고요속에서 행진하고 있습니다

연둣빛 인생을 시작하다

개명을 하고 새로운 주민등록증을 받았다

어차피 바뀌어야 할 운명이라 하자
시인의 길을 걷지 않았더라면 아마 그대로였겠지
詩아버지[1] 를 만나 인생의 행진이 다시 시작되었다
법원의 벽 사이로 아지랑이가 아롱거릴 때
내 눈가에도 촉촉한 이슬이 맺혔다
가물가물 껌벅거리며 무단행단을 강행하고
정신이 혼미해지더니 시야가 흐려졌다
아버지가 뿌연 황사 숲에서 걸어 오신다
그렇게도 싫어했던 이름을 개명하면 날아갈 듯
가벼운 마음일줄 알았건만 내 뿌리들이
머리 위를 무겁게 짓누르고 있다
벌떼들이 작은 머리통에 달려들어 열꽃을 만들었다

운명은 만들어 가는 것이라고 혼잣말로 중얼거린다

---

1) 김순진 교수님

태어났을 때 이미 세상을 떠나신 외할머니 성함을 이제야 알았다

어머니가 말씀하신 걸 새겨듣지 않고 연기처럼 잊고 살았다

나는 그 해 어느 날 호적이란 판에 박혀 있다
그래, 난 갓난아이로 다시 태어나는 거야
고향집 뜰방에 얼굴을 내밀고 되돌아왔다
이제 시인으로 인생을 다시 설계 한다
부모님 잠깐 뵈니 가슴이 설레 한참이나
길가 울타리 꽃을 바라보았다
콧잔등은 시나브로 시큰시큰하고
오늘따라 하늘도 무겁게 내려앉는다
어머니는 여전히 엷은 미소를 띄고
내가 하는 일이라면 무조건 박수를 보낸다
오늘 밤은 별님도 달님도 유난히
반짝반짝 내려앉아 풀섶을 기어다닌다
초록으로 가기 전 그 모습으로 살아가자고
부드러운 이름, 연두에게 악수를 한다

붉은 노을을 품은 바다

태양의 마지막 몸부림 그를 마중한다
황금빛 노을이 붉게 물들어가는 짧은 시간
그 황홀함은 기나긴 꼬리를 달아 맥박을
빠르게 만들고 있다
그가 붉은빛을 토해 내며
구름속을 헤집고 들어간다
노을 아름다운 삼십 리 백수해안도로에
파도소리가 쉼 없이 엉겨 붙는다

전망대 작은 구멍 안에 들어오는 파도는
손에 잡힐 듯 춤 시위를 하다 이내 포말로
부서진다
거칠게 부딪힌 흰 물살은 무섭게
바위를 깎아먹고 있다
숨이 멎을 것 같은 선홍빛 노을이
오장육부에 깊게 파고든다
바람도 숨을 죽여 윙윙 거린다
이내 검푸른 바다를 움켜쥐고 있는
구름은 새처럼 날고

사릉

푸르름이 가시처럼 솟아오른 오월
그곳에 가면 소나무 향이 짙게 깔린
정순왕후의 설움이 보인다
단종대군을 그리워하며
영월쪽으로 눈길을 보내놓고
매일 눈물로 보낸 한맺힌 세월
82세의 생을 살았으니 생각만 해도
찢어진 아픔이 되살아 난다

죽어서도 같이 보내지 못하고
서로 떨어져 묻혀 있으니
서로의 인연은 애달픔이었으리
짧은 만남 긴 이별

회환의 세월을 견뎌낸 풀잎에
이슬이 맺힌듯 가엾어라
금빛 햇살이 부서지는 날
아픔의 역사를 뒤로 한 채
가만가만 잿빛으로 땅거미가 진다

해운대

작은 모래알이 수 없이 부서져 내리는 바닷가
이제야 나는 그대와 마주합니다
동백섬과 큰바위얼굴이 즐비하게 서 있고
해운대 특별시라는 멋스러움이 묻어나는 그곳
다양한 칼라 파라솔이 쳐져있는 여름바다
손가락으로 셀 수 없을 만큼 많은 사람들
그곳에서 그대와 마주합니다

당신의 모래톱에 맨발을 맡깁니다
사각사각 밟히는 촉감
당신의 살결이 물보라만큼이나 보드랍군요
발로 그린 하트모양은 파도에 휩쓸려
망망대해 항해를 시작하네요

노란 튜브에 몸을 맡긴 사람들 사이로
나도 몰래 어린아이가 되어봅니다
파도치는 움직임 따라 부평초가 되어봅니다

나는 늘 바다를 품고 살아왔지요
그래서 그대가 더욱 그리웠나봅니다
밀려왔다 밀려가는 그대의 노래
소리가 들려준다는 그대의 전설

아득한 그때 달빛 아래 밤바다에서
멱감던 어린시절도 지금 같았지요
가슴에 꿈을 싣고 태평양을 향해 노저어갑니다

제 2 부

어머니의 바람

안개빛 하늘 사이로
마파람이 불어옵니다
높새바람, 하늬바람, 마파람 사이로 뒤범벅된
바람 속에는 엄니의 바람이 있습니다

일기예보를 굳이 기상청으로부터
들을 필요가 없었으니까요
바람이 움직이는 각도나 구름을 보면
엄니는 다음 날 날씨까지 정확히
꿰뚫어 맞추십니다

"날씨를 알면 내일이 보인다"는
책 속에 엄니의 말씀
사전이 되어 박혀있습니다

지식보다는 지혜로우신 엄니의 모습이
밤비에 묻어옵니다
그때 그 일기예보를 일러주시던
높새바람, 하늬바람, 마파람 사이로

초록 물결

그녀는 계절이 바뀔 때마다
색다른 대접을 받습니다
어디서부터가 처음인지 알 수 없지만
그녀는 빛의 속도로 피어납니다

흰 서리 내린 계절엔 갈색 옷을 입었던 그녀
훈훈한 바람이 불면 연둣빛 입술을 살짝 내밀지요
그러다 이내 마라톤 선수보다 빠르게
초록으로 달려 푸른 바람을 만들어냅니다

그녀가 겹으로 색을 덧칠해가며
푸른 하늘을 머리에 이고 달려옵니다
푸른 왕관을 쓴 채 계절의 여왕이라
불리는 그녀는 모든 이의 우러름을

받습니다
덩달아 내 마음도 초록물결이 일렁입니다

양귀비꽃

붉은 꽃강아지 꼬리를 살살거린다
수평선까지 펼쳐진 꽃밭

수만마리의 강아지들이
꽃목소리로 짖어댄다
감상할 시간도 없이
찰칵찰칵 렌즈에 담는다

중국의 양귀비가 얼마나
취하게 하는지 짐작이 간다

하늘빛 에메랄드 물빛에
빛나는 붉은 귀비꽃이다

당 현종이 아들의 비를 가슴에 품어
비운의 길을 걷다가 평생 양귀비를
그리워하며 살았다
로버트 테일러처럼 다가오는 그녀

매력에 빠져 눈을 뗄 수가 없다
꽃멀미에 현기증이 난다

나는 꽃처럼 붉은 십팔 세 소녀가
되어 서 있다
꽃강아지들 벌판을 물어뜯으며
사방을 핏빛으로 물들이고 있다

비

또드락 또드락
청색의 음색을 지닌 그가 발자국을 남기며
지나갑니다
장대비, 소낙비, 가랑비
모두가 다른 비의 운율

햇빛이 강해질 수록 그를 기다린 이가 많습니다
조선시대 태종은 가뭄이 심할 때면
하늘의 손모아 기우제를 지냈다지요

우리 아버지 가뭄도 가슴까지 선명한 지도를
그린 적이 많았습니다
천수답 논두렁으로 물을 들어 올리시던 모습이
산수화 풍경되어 떠오릅니다

지금은 유자와 단감 밭으로 변해 논은 억새가
주인공이 되었지요
가장의 무게가 큰바위얼굴인 줄은 철들고

나서야 깨달았습니다

비는 목마른 이에게 환한 빛으로 적셔주지만
그가 너무 자주 드나들면
오히려 사람들 마음은 잿빛이 되지요

또드락 또드락
창밖에 오랜만에 비가 내리고 있습니다

실미도에서

파도를 타고 실미도를 간다
보트가 물에 잠길 듯 아슬아슬하다
물보라가 하늘로 치솟고
사람들의 환호성이 메아리친다

그 옛날 북파 공작원들의 매섭던 훈련장소이건만
영화에서 보던 무섭던 광경은 온데간데없다
배우의 얼굴이 스치고 무시무시하던
실미도는 금빛햇살을 등지고 태연히
파아란 하늘과 바다를 안고 있다

질그릇 속에 흰 쌀밥을 수북히 담아
놓은 듯 하얗게 빛바랜 굴껍데기가
모래성처럼 쌓여있다
나는 크리스탈처럼 반짝이는 굴 껍데기
속에서 추억을 불러 모은다

썰물이 빠져나간 자리는 바다가
갈라져 단단한 바위가 위용을 드러냈다

섬과섬 사이의 아름다운 비경을
가슴에 담는다
우리는 갯바람에 사랑을 먹는다
밀물은 서서히 갯벌을 갉아먹고 있다

까치의 울음소리에 관한 명상

우리 집 베란다 밖 풍경은 한 폭의 동양화입니다
잣나무들이 줄지어 산을 오르고
늙은 소나무는 비늘을 떨며 몸집을 치장하고 있습니다

떡깔나무 꼭대기에 둥지를 튼
까치는 갈바람이 손사래를 쳐도 떠날 줄 모릅니다
창문을 열어젖히면 일제히 아침 인사를 건넵니다
나는 콧노래로 화답을 합니다

흔히 머리가 나쁘면 새대가리라 칭하지만
함부로 새를 비하하지 말라는 메세지를 보냅니다

어디로 마을 구경을 다녀왔는지
먹이를 물고 와서 짹짹거리는 새끼들에게 야무지게 먹여줍니다
사람도 자식을 버리는 세상에
새 만도 못할 때가 더러는 있습니다

깎깎, 날 불러 세우며 작은 입술로 고음을 내더니
깎깎, 앙증맞은 재주를 부리면서 공연을시작합니다
너울너울 힙합 댄스를 춥니다
잎새들도 저마다 다른 빛깔로 박수를 보냅니다
나도 덩달아 신이 납니다

깎깎, 서로를 깎아내리지 말라는
깎깎, 서로를 깎듯이 위하라는
그들의 사랑 노래가 산기슭을 에워싸며 메아리가 됩니다

올케언니

나에게는 낳아주신 엄마와
뒷바라지 해주신 엄마, 두 분이 계시다
학교 다닐 때 하루도 거르지 않고
도시락을 싸주신 올케언니는
나의 또 다른 엄마나 다름없다

오빠는 엄마 먼저 떠나셨고
올케언닌 42년 세월 부모님을 모시고 살았다
엄마 역시 할머니와 40년 이상 사셨으니
3대 여인들 한숨은 태산보다 높고 바다보다 깊었으리
장수하는 어르신들 모시고 사느라
얼굴의 주름은 소나무 껍질처럼 골이
깊어졌고 솔잎처럼 뾰족한 삶의
애환이 하늘을 찔렀으리

어린나이에 종갓집 맏며느리로 시집와
갖은 고생하며 많은 식솔들 챙기고 살림하느라
이제 병만 남아서 노구를 이끌고 살고 있지만
남은여생 우리 오빠 몫까지 행복하세요 언니

종이책을 더듬다

사그락 거리는 너의 목소리
한 웅큼씩 울림되어 퍼지네
너는 나에게 지식의 몸짓이었고
거룩한 종교가 되어 잠 못드는
불면의 밤이었지

해학의 종소리가 깊게 울려 퍼지는
날이면 나는 쇳덩이보다 무거운
눈꺼풀을 너의 품속에 파묻곤 했었어
나는 하루에 한 번이라도 너를 만나지
않으면 허송세월을 보내는 것 같아
형광펜으로 너의 얼굴을 톡톡 다독이며 화장을 했지

우주가 담기고 세계를 한 눈에 새길 수
있는 너는 나에게 신비로움이야

너와 맞잡은 손에 전류가 흐르고
인공위성이 머물다갔지

너는 인류를 짊어지고 와서 나를
부양해 주었고 나의 밥이 되어
밥상머리에 반찬이 되었지

비탈진 산과 들을 푸른 초목으로
가꾸어 주고 햇빛과 물을 번갈아
주며 돋나물처럼 솟아오른
향기로움으로 살고 싶어

오늘도 나는 너의 반쯤 벗겨진 속살을
만지작거리며 미닫이를 밀 듯 해를 밀치곤 해

검정 옷

오늘도 그와 동행합니다
예로부터 백의민족이지만 우리나라
사람들이 가장 많이 눈길을 줍니다

그를 데려가기 위해 온몸에 향수 뿌리듯 치장 합니다
십여년 전 그의 친구가 되었던 나는 변함없이 자존심을 지켜줍니다
그는 땀이 흥건히 젖은 채 묵묵히 따라와 줍니다

다른 동행자들도 그를 친구로 맞이 해
주고 위풍 당당한 그가 돌보다 더 위엄이 있습니다

콧날은 얇아지고 몸집은 더 커져버린
이제 감당하기 힘들지만 모른 척 할 수 없습니다
수 많은 세월이 흘러도 그가 가장 큰소리 치는 곳은 장례식장입니다
오랜 세월 앞장서서 장례식장을
누볐던 그는 지칠법도 한데 낯빛은 여전히 그대로입니다
누가 그를 대신 할 수 있는 이는 없는건가요

주방을 바라보며

십여 년이 훨씬 지난 묵은 주방을
단장하니 뽀얀 속살을 드러낸 여인처럼 화사하다
처음 서울에 왔을 때 남편과 북한산 너럭바위에서
약속이나 한 듯 아래를 내려다보며 서로의 눈망울은 정지돼있었다
집 없는 설움이 모래바람처럼 내 눈을 찔러댔고
성냥갑 집들이 벌집처럼 이루며 산등성이를
지배하고 있었다

언제쯤 집은 장만할 수 있을까
우리는 집과 집 사이를 지긋한 눈빛으로 바라보다
이내 눈시울이 뜨거워 푸른 하늘을 쳐다 보았다
십년 만에 집을 장만 했을 때도
오늘처럼 눈물이 봇물 터지듯 쏟아져 내렸다
전광판이 흔들리며 서러운 파도가 되어 밀려온다

어머니는 쉰이 넘은 나를 만나면 생활비를 건네셨다
비가 한없이 담벼락을 치면서 내리던 어느날

나를 바라보는 두 눈에 별빛이 똑똑 떨어졌다
이제 병원에 있으니 너에게 용돈은 그만이다 이러는 게
아닌가
강물을 이룰 듯한 별들을 뿌리치며 부족한 나를 질책했다
꿈에도 못 잊을 막둥이라 그랬지

너럭바위에서 꿈과 희망을 가졌던 그때
기름 짜듯 급여 90프로 저축을 했다
처음처럼 그때를 기억하며 살아야 된다고
어머니의 말을 되새긴다

단단한 땅에 물이 고인다고

눈부신 금장

국립 중앙박물관에서 선조의 천년 숨결을 어루만진다
고려청자 조선백자 여인들의 장식
모든게 감탄사로 웅웅거린다

옛날 지체 높은 여인들은
멋이 아니라 갑을 달고 살았지
머리부터 발끝까지 한을 매달고 지냈으리
장식이 무거워서 고개가 부러진 왕비도 있었으니
그들의 삶이 얼마나 많은 시련이었을까

그중에 귀걸이는 보기만 해도 아찔하다
여인들의 귀가 여러번 곪았을 무게
금장의 화려함 속에 여인들 비련의 무게는 얼마였을까

21세기보다 더 화려했던 여인들의 장신구
겉모습만 화려했던 여인들의 비애가
박물관 지붕을 뚫고 울부짖고 있다

그 시대엔 평민, 지금은 귀족으로 살고 싶은 나는, 그만
그 시대 여인들의 설움이 밀려와 빛나는 귀걸이
장식을 내려놓고 마음을 달래본다

반란

숱한 세월 얼마나 노예처럼 부려왔던가
마음대로 움직일 수 없는 오른손에게 미안하다
머리가 시키면 뭐든지 하는 그였다

가족의 건강을 책임지고 수많은 향기를 배달해 주는
그가 시무룩해졌다
가느다란 심줄기가 나를 쳐다보고 있다
손등까지 시퍼런 줄기가 성이 났다
손목과 손 사이에는 깊은 계곡이 세 줄로 서 있고
삼각산의 보국문, 대성문, 인수봉을 타고 내려온 듯하다
한때는 도봉산 자운봉을 데려간 적 있다

진심을 몰라주는 내 얄팍한 심기는 덧없는 세월의 강
건너느라 굽은 내 손목에 자잘한 물결로 훈장을 주었다
그도 누워서 쉴 시간의 여유를 기다렸던 모양이다
왼손의 부자연스러움이 그에게 편히
쉬라는 안내장을 보냈다
그래도 그는 오른쪽에 신호를 보낸다

사계절, 내 몸 한 귀퉁이에서 보좌를 잘했던 그였다
황소처럼 부렸던 그의 반란을 커다란 은사시나무 뒤에서
슬금슬금 엿보고 있다

인생은 비문이다

캠퍼스에 가을이 익어간다
플라타너스 수채화를 그려내더니
깊어가는 가을 달빛은 홀로 쓸쓸히 부서져내려
가만가만 손짓한다

시리도록 푸른 달빛과 입맞춤을 하고나니
쓸쓸히 가을벌레가 운다서
럽게 가려는 몸짓에 나도 너른 들판만큼 허허롭다

젖은 눈으로 한없이 바라보다가 잎새와 친구가 되었고
노을을 불러 모아 땅거미랑 소꿉놀이를 한다
자신을 조각내어 밝은 빛을 주고 달이 떠날 때

조각 난 아름다움 까지도 세상을 향해 빛으로 찾아든다
나는 가을앓이에 미열이 난다

산다는 것은 어쩌면 사계절에 녹아 스며드는 것
나도 물밀 듯 인생이란 소작논에 스며들고 있다

호랑이는 죽어서 가죽을 남기고
사람은 죽어서 이름을 남긴다는 옛말이 있다

나도 고향 길모퉁이 어디쯤 아름다운
시인의 비문을 남길 수 있을까
의문이 반이다

게발선인장

핑크빛 립스틱을 바른 그녀가
수줍은 듯 고개를 떨구고 있다

봄, 겨울 두 번 산고를 치른 그녀
다른 다육식물들에 비해 사랑을 듬뿍
주지 못해 미안한 마음이 베란다 벽을
뚫고 화살촉으로 지나간다 입술을 부비며
통통 부풀어 오른 늦둥이들, 조랑조랑 꿈틀거린다.

발을 오무리고 있는 게 한 마리
문득, 고향집 화단의 개발선인장이 바람에 묻어온다

남도의 바다 빛이 어느새 족두리를 쓴
여인의 볼에 연지곤지를 찍었다
미소는 파도처럼 포말로 부서지며
밀려왔다 밀려간다
입 안 가득 핑크빛 게발 행렬이 입꼬리를 올리며
무도회를 시작한다

촛불의 함성

바람 불면 꺼진다는 외마디 무색하게
그는 천릿길을 단숨에 달립니다
다섯 손가락으로 그를 보듬기 시작해
올림픽 이후 광화문 세종대왕상 곁에서 스타가 됐지요
그는 인왕산을 바라보며 첫 차의 트림에 울림을 주기도 합니다
서울광장, 종로에 나타난 뭇별들이 된서리 맞아도 소곤소곤 노래를 합니다
별나라에도 질서는 새로운 이슈가 됐어요
북두칠성 큰곰자리 작은 별까지 줄지어 끼어들기는 옛말입니다

오래전에도 그는 질서를 지켰지요
무작정 짓밟히고 쓰러졌을 때
그는 곁에서 피눈물을 흘리며 땅을 흥건히 적시곤 했어요심지는 대쪽처럼 타올랐지만
주린 가슴 움켜쥐고 그를 버릴 수밖에 없었답니다

그는 평화만 가득한 별나라를 꿈꾸며더
파란 마음으로 거리를 나섭니다
암울한 시대엔 느닷없는 토네이도 발령주의보가 내려
그는 갈 곳을 잃고 어지럼증을 느꼈답니다
마른하늘에 날벼락 맞은 뿌연 은하수가 메케한 독을 품고
큰 별의 장단에 작은 별들끼리 부딪히고 말았지요

콘크리트 지지층도 등을 돌리고 둥지가 뒤틀리는 틈을 타
그는 활화산이 되었어요
진정한 민주주의 회복을 그는 알고 있을까요
그를 집단지성이라고 과학자들이 연구를 하기 시작했어요
이제 그는 북서풍에도 끄떡없는
단단한 LED로 육질을 선보이기 시작합니다

딸기

죽은깨에 잔털이 많지만 속살이
뽀샤시한 그녀는 뭇사람들에게
사랑을 받는다

옛날엔 봄이 아니면 그녀를
만날 수가 없었다
그녀는 사람의 시선을 끄는 특별한
마력을 가지고 있었던 게 분명하다

언제나 생기발랄하고 상큼함을
보여주는 그녀 때문에 밥 먹는
것조차 잊을 때가 많았다

그녀도 성장통을 겪으면서
아름다워야 대접을 받을 수
있다는 걸 알고 있었을까
긴 생머리를 늘어뜨린 그녀가
시집갈 때쯤 되니 방긋방긋

미소를 짓는다

아이였을 땐 본체만체 하더니
연지곤지 찍은 새악시 불그스레한
미소를 띄운다

종부의 삶

96세의 생을 마감했던 엄니는
단단하고 곧은 성품의 여인이었다
당신 나이 불혹을 훨씬 넘겨 막내로
태어난 나는 엄니의 젊은 모습을 모른다

백수 가까이 걸어왔던 발자취는
먼저 보낸 큰아들의 슬픔에 새처럼 날아가셨다
당신의 살결은 분처럼 고왔고
4대가 함께 사셨던 삶을 생각하면 내 가슴이 울컥하다

젊어선 화병과 동무해서 살았다는 말씀은
철들자 먹먹하게 들려왔다
방앗간, 선주, 화려한 발전기 그것들과 달리
당신의 한숨은 고래도 삼킬 듯 했지만
인내를 기둥삼아 살았으리

여자도 배워야 산다고 고집하던
엄니는 진정한 스승이였다
어머니란
사랑과 헌신의 숭고한 이름이 아니었던가

언제든 바라볼 수 있는 곳에 있다는 위안이
알싸한 내 마음을 위로한다
정직과 강인함을 업으로 삼으신 엄니가
매 순간 그리워 오늘도 남쪽하늘만
멍하니 바라본다

바라보다

흐느적거리는 핑크빛 우산을 펼치고
정릉천을 걷는다
처음 정릉동으로 이사 왔을 때보다 더 커진
아름드리 쌍둥이 나무 두 그루가 배꼽 인사를 한다

그들은 흐르는 물살의 온도와 햇살을 받아먹고
매일 우릴 감시하곤 했었지

맑은 물길은 오랫동안 닫혔던 문이 스르르 열리고
묵은 때를 벗기며 말라붙은 잡초들에게 샤워를 시켜주곤 했었네

물기둥을 세운 용오름은 신혼의 표지판을 넘어뜨리고
태평양으로 떠밀려갔지 여기서
불혹을 견디고 어느새 지천명을 지나는
중년이 되었네

검버섯이 덕지덕지 핀 있는 늙은
버드나무 가지에서 연둣빛 이파리가 봉을 하나씩 세우며 솟아나는 희열을 아기와 함께 보던 때가 언제였더라

이제 갈꽃을 피워내며 평상까지 차려놓고 노인들의 놀이방이 되어 있네
물끄러미 바라본 장미원은 담쟁이가 정겹게
팔을 뻗치며 걷는 힘이 폭풍우도 끄떡없네
그곳은 일본식요정이었다는 할머니 말씀은
이제 전설이 되었네

정릉 문지방에 망태기 걸어
감성의 종잇장을 구겨 넣고 희망을 응시하네

제 3 부

별빛

영월 동강엔 한낮에도 에메랄드빛
별들이 잔치를 벌이고 있었네

가끔 큰 별들이 지나 갈 때는
은하수를 만들기도 하고

가을이란 계절에 그 별빛도
무리를 지어 떠다닌지라
눈이 부셔 바라보기 힘들었던 날

하늘에도 강물에도
별빛이 떠다니고 있어
첫사랑 보내듯 아쉬움 두고 왔으니

나도 사람들 가슴에 별빛처럼 반짝반짝
떠다녔으면 좋겠다

동강에 흐르는 저 별들처럼

바람의 집

열기에 시름시름 앓던 가로수 이파리에서 냉기가 흐른다
본분을 잃었던 그늘이 진한 색으로 옷을 갈아입는다
사계절이 있기에 기다린 게 아닌가

나는 바람이 오는 길을 찾아내기 시작 한다
경유지를 이끄는 서늘한 가슴 하나
아직 갈바람의 안부를 전하지 못했다

바람은 승부를 조작하지 않아도 자연 치유를 약속한다
바람은 한강의 물살을 거칠게 다루고 있다
또 다른 계절을 마중 한다

난 바람의 온도를 감지하며 늘리기를 탐색중이다
바람이 저녁을 데려와 물살에 앉는다
바림은 그리움까지 씻어내기엔 역부족인 모양이다
내 몸에 기울바람이 들어와 집을 짓고 있었던 것이다

가을밤과 나 사이

밤이 열린다
스륵스륵 밤벌레가 운다
울다가 내 방을 기웃거린다
스르륵 가을밤은 나를 잠재운다
잠재울수록 고운빛깔로 옷을 갈아입는다
옷을 갈아입고 스르륵 떠날까봐 두렵다
스르륵 창문이 열린다
스르륵 열리는 창문과 나 사이를 발설하지 않는다
비밀을 덮는다
나를 다독인다
스르륵 열린 창문 사이로 자연이 주는 액자 틀을 맞춘다
스르륵 수채화가 펼쳐진다
수채화는 색색 실로 엮어서 당분간 가을을 묶어둔다
묶어둔 가을이 스르륵 풀어질까봐 조심스럽다
스르륵 눈꺼풀을 잡아당긴다
당긴다고 스르륵 따라올 리 없지만 창틈으로
스며드는 빛과 그림자를 스르륵 따라가 본다
예전 가을밤에도 널 잠재우다 스르륵 너의

손을 잡고 꿈을 꾸었지
꿈결인지 잠결인지 스르륵 네 모습이 빛으로 다가와
스르륵 감기다가 스르륵 내 마음을 녹여 주리라

독수리 전설

어서 방으로 들어가거라, 독수리가 지붕 위를
맴돌고 있다는 아버지의 긴박한 말씀이다

갓난아이도 입에 물고 달아난다는 전설의 새가
내 머리 위를 빙빙 돈다

아버지는 갓 일곱 돌이 지난 나를 홑이불로 휘감는다

노을이 사방을 날아다닌 이른 저녁 진흙에
범벅이 된 아버지는 문을 철사로 걸어 매고
주섬주섬 옷과 신발을 매만진다

어느새 독수리는 둥지를 찾아 떠나고
바닷물이 어슬렁어슬렁 걸어 들어온다

바람이 멎는가 싶더니 바다는
잔잔한 호수를 품은 호반이 따로 없다

비릿한 해초들을 바닷물과 조림을 해서 먹는다

바다는 분명히 아버지 삶의 터전이었고
우리에겐 달달한 굴비의 살이다

붉은 수수밭을 그리다

고요가 무너지고 있다, 한 올 한 올 부서지는 울림
젖어 사는 게 목적인 널 뙤약볕에서 기다리던
날이 많았지
어느 날, 붉은 수수밭이 통째로 널 향해 고개를 떨구고
눈물을 뚝뚝 흘리던 날이 생각나네
수숫단을 한 아름 묶어 오신 어머니를 보았지
십리 길을 걸어가는 동안 고슬고슬한 밥 위에
고개 숙인 수수 한 가닥은 손바닥에서
뒹굴었지

그 찰진 수수, 가을비 찰찰하게 줄을 세우니
어머니의 풍성한 가을 냇물처럼 흐르네
먹을 게 차고 넘치는 시절이건만, 그 많던 키다리 수수는 어디로 갔을까
그땐 하늘을 찌를 듯한 기세였지
붉은 수수알은 알맹이 여물수록 고개를 숙이고
당당하게 천지를 호령하고 있던 가을볕은
어머니의 친구이자 사촌이었을거야

수수는 어느 해 반은 참새의 몫이 되고 말았었지
푸념 한소끔 끓여낸 새벽 비는
발을 들다 끊어진 고무줄 놀이처럼 멈추고 있는데

봄꽃

봄은 꿈벅꿈벅 토악질 해대더니
이파리보다 먼저 나를 내보낸다

그러면 나는 겨우내 맨 몸뚱이로
서 있다가 사람들 시선을 듬뿍 받아
질투를 느껴 도망가고 만다

잔뜩 움츠렸던 사람들도 나를 보면
보름달처럼 환하고 하양, 분홍, 노랑의
 마음으로 구애를 한다

나는 늘 그 자리에서 변함없이
기다리지만 사람들은 내가 사라지면
발길을 돌리고 만다
나는 봄바람이 살랑거리는 날부터
널 기다리고 있었다

지금도 설레는 마음으로 널 바라본다
나 살아있는 동안 너를 사랑할 것이다

복날 소나기

그분이 오신다기에 밤잠을 설쳐가며 기다렸다
그런데 웬걸,
꼭 껴안기는 못할망정 손끝만 스치며 간다
곁눈질을 하며 미간을 찌푸렸다
내 투정을 받아주기는커녕 그는 용광로 속에서
일만 하다 왔다며 되레 역정을 내는 거였다
긴 이별 짧은 만남
그는 내 심정을 조금도 헤아리지 않았다
상사병으로 고생한 시간이 얼마였던가
보상받고 싶은 여자의 마음이 발동걸렸다
되레 그동안 선물해준 먹구름을 가져가지
않았냐고 떠들었다
그 넓은 하늘을 혼자서 가지고 놀지 않았는가
그저 한 필지 구름은 호주머니 속의 손수건에 불과했다
복날 선물은 딱 그만큼뿐이었다
먹구름 한 조각에 소나기 한 움큼이면 그만한
선물도 없지
햇살은 혈압을 낮추느라 야단법석이다
먹구름은 살살 눈치를 보며 떠나간다

겨울 아이들

수채화 물감을 뿌려서 장식을 하던
가을아이가 떠날 채비를 하고 있네
백설기 떡을 잘 만든다던 겨울아이는
난로며 털옷보다 자기가 큰 이득을
남겼다고 다투고 있네

가을 아이가 버선발로 따라나서니
온수와 난방은 스트레스로 몸살을
앓다가 동파에 미끄럼을 탔지
문풍지는 뻑뻑이가 주름을 잡는
시대적 변형에 산등성이 오두막집 아이는
땅거미가 내려앉아도 눈물 흘릴 필요 없이
체온이 몇 도는 올라갔다고 화음을 내고 있지

그렇게 겨울 아이들은 때 이른
작업을 하느라 사그락 달그락 하고
나도 겨울 준비하느라 이리 뛰고
저리 날고 있네
어쩌면 삶의 풍경이라는 얇은 막에 그림을 그리는 것
그렇게 하루하루 잘라 먹는 겨울 아이들과 친구가 되었네

아, 그날 5·18

허약한 체질로 태어난 당신은 사춘기를 접어들면서
크게 성장통을 앓았습니다
당신을 생각하면 애잔함이 몰려옵니다
당신은 나의 아픈 새끼손가락이었습니다
곪아서 터지는 순간 무등산 계곡은 핏빛물이 넘쳐 흘렀지요
강산이 세 번 지났지만 아직도 걷기가 힘들어 절음발이로 살아갑니다
당신 기일이면 나타나는 이웃들은 서로 눈치만 보다가 힘없는 노래만 부르고 떠납니다

당신은 억울해서 두 눈 감지 못하고 통곡의 소리를 듣고 있지 않으신가요
당신은 흰 대접에 따뜻한 국물을 갖춰 한정식을 받아본 적은 없습니다
오히려 처음엔 양식을 받아먹었지요
숟가락보다 서툰 나이프와 포크를 들고 접시에 가벼운 야채만 먹고 살았던 기억이 어슴프레 남아있습니다

몸집은 크지 않고 키만 자라서 한 번은 기흉 수술을 받

아 심장의 압박이 컸지요
당신은 원래 부마[2)]라는 이복형제가 있습니다 하지만 엄마가 다르다는 이유로 찬밥 신세였지요
어느 날 부모님 몰래 당신 가슴에 멍이 들어 있는 걸 본 적이 있습니다
그날이 오면 통증을 더 심하게 느낀다고 합니다 고통은 언제 끝날지 모릅니다

당신은 늘 푸른빛을 띠고 있었는데 붉은빛이라 우기고 아직도 방을 따로 쓰고 있습니다
결국 세상을 움직이는 것은 진심입니다
당신은 가고 없지만 역사는 당신의 아픔을 어루만져 줄 거라는 확신이 섭니다
정신과 육체가 몸살을 앓던 그날은 산천초목도 울고 푸른빛의 하늘은 갑자기 잿빛으로 물들었지요

친구 서 너 명도 숱한 세월동안 아직도 산에서 내려오지 않고 있습니다
산자의 무게가 산등성에 박혀 있는 바윗돌입니다
오월이여, 당신의 기억을 잇고 평화를 품어가는 계절이었으면 좋겠습니다
오늘 당신이 서 있는 그곳을 향하여 목례를 합니다
늘 그랬던 것처럼

2) 부산, 마산 항쟁

12월 31일

그녀는 1년에 한 번씩 꼭 다녀 가는 손님이다

364명의 동행자를 데려왔다가 모두 따돌리고
혼자만 새 문으로 들어서려는 그 여자

그녀가 떠나 갈 때는 모든 이들이 아쉬움에
발을 동동 구르며 어떤 이들은 쓴 약 같은
소주잔을 기울이기도 한다

그야말로 천지가 개벽이다

그녀가 떠나가는 것이 그렇게 좋은 것일까

동해바다로 하늘공원으로 행주산성으로
새벽같이 나와 환호성을 지르는 사람들

그녀와 작별을 하고 나면
왠지 허탈감에 사로잡혀
다음을 기약하면서 밤을 지샌다

오월의 숲

일렁이는 초록바다에 희망의 돛을 올린다
지체된 시간 앞에서 푸른 신발을 펼치고
오월의 향수를 뿌린다
초록 배를 타고 맑은 음색에 숨을 고른다
뜰에 새끼손톱만한 참새가 납작 엎드려 흙냄새를 맡는다
초록이 물결을 일구느라 갈색 설움을 삼키는
날도 있었다
가만가만 풀섶에 귀를 귀울이니 여신이 활보를 한다
나는 초록바다에 그네를 탄다
새싹이 처음 선을 보일 땐 문틈으로 바람만 떠다녔지
푸른 이파리 위에 물방울 배가 바람에 머리를 흔든다
창포꽃은 연못 위에 액세서리로 산다
오월은 비와 바람도 여왕의 몸짓을 닮았나
초록 배 위에서는 멀미도 없고 현기증도 일어나지 않는다
늦은 봄꽃을 따다 마음밭에 꽂는다
배는 만선을 외친다방마다
전화벨 소리 울리 듯 채워져 나의 시선을 이끈다

나는 아직도 연초록으로 수채화를 그리고 있는데
진초록 배는 자꾸만 내 손을 끌어 당긴다

이태리타올

나는 본이 이태리입니다
그러나 그곳에서 살아본 적은 없습니다
한국 사람들의 사랑을 압도적으로 받으며
살고 있습니다

패션의 거리에서 잘록한 허리에 까만색벨트는 기본입니다
나는 자주 외출합니다
블루셔츠를 입은 친구와 잰 걸음으로 걷다보니
몸이 흥건히 젖고 말았지요

젖은 몸을 옆 사람에게 밀착시켰더니 모두들
신음소리를 내며 웅성거립니다
그렇다고 종일 땀을 흘리진 않습니다

요즘은 그곳에 가서 내 자취를 남기고 싶어집니다
다양한 칼라와 디자인이 시대에 따라
변하는 건 기본이지만 가장 산뜻한 옷으로
치장을 하고 무도회를 갑니다

로얄석은 늘 나의 공간입니다

오늘도 이태리로 가는 비행기에 몸을 실었습니다
이태리 사람들은 나를 한국 사람인 줄 알고
인사조차 건네지 않네요

어둠까지 푸른 청산도

잔잔한 물결이 에메랄드빛을 펼치더니
선착장엔 아리랑이 파도로 출렁인다
청산도에 발을 디디니 몸이 먼저 아리랑을 읽는다
좌르르 윤기 흐르는 담쟁이를
손바닥으로 쥐었다 펴기를 반복한다
이파리들이 연녹색으로 얼굴을 내밀고
심장은 두근 반 서근 반이다

지척인 고향이 두 겹으로 밀려오고
어린 시절이 슬로우 비디오로 두태를 자극 한다
남도는 잔물결과 달리 흥이 많아
망망대해 큰 물결로 어깨가 절로 들썩 거려진다
아리 아리랑 스리 스리랑 남도 가락으로 장단을
맞추고 붉은노을을 친구삼아 덩실덩실 춤을 춘다
바다 넘어 언덕을 어루만진다
섬 처녀는 쌀 서 말도 못 먹고 시집간다는
전설이 귀밑머리를 훔치며 밀물처럼 밀려든다
청산도는 어둠까지 파릇한 섬이다

고려산 진달래꽃

꽃다지와 산사의 노랫가락에 그녀랑 발걸음을 맞춘다
등줄기를 적시며 마른 입술에 그녀를 부른다
능선이 발등에 부딪히자 분홍빛 그녀가
홑이불을 휘감고 자리에 누워 얼굴을 내민다
사랑방에 수를 놓고 등 넘어 짠물도 그녀를 아우른다
뿌연 하늘은 잿빛을 닮아 있고
그녀는 은빛물결 반짝이는 갯바람을 화장대로 삼았는지
연지곤지 화장술에 목덜미까지 뽀얗다
그 옛날 주몽의 놀이터였나
된바람은 연녹색을 묻혀 나르고 있다
그녀의 입술이 떨리듯 말려 들어가고 나도
시나브로 설렌다
그녀는 사랑방에 꼬마 손님까지 줄을 세웠다
낮달은 늘어진 햇살을 서서히 뿌리친다
갈라진 틈으로 노을과 뒤섞여 바람을 만들고 있다
나는 그녀의 매무새에 마음을 빼앗긴지 오래다

또 한 줄기의 바람이 너의 입술가에 파르르 떨림을 준다

슈퍼문 회고록

가을이 가는 길목에 빛바래진 사연 하나 허파로
들어와 들숨과 날숨으로 혈관을 타고 흐른다
순수의 원형을 열어둔 채 시절을 그린다
어느 스산한 가을날, 눈이 시리도록 푸른 보름달은 은근
슬쩍 담장을 넘어와 마루턱에 걸터앉은 나를 끌어 안았다

폴라리스도 별가루를 뿌리며 마중한다
일 년 중 가장 밝은 시월상달이 바닷물에 반사되어
대낮같은 빛을 그려냈다
그게 바로 슈퍼문이었다는 걸 문명이 발달하고 알아간다
휘영청 떠 있는 보름달은 등불이 되고 파도소리는 음악이
되어 모래밭과 몽돌 밭을 셀 수없이 드나들었다
꽃이 지고 없는 해당화는 뾰족한 가시만 흔들린다

어느 가수의 노래가 사연이 되어 흐른다

며칠 전 빛바랜 일기장을 꺼내드니 색색의
마른 단풍잎을 발견했다
드문드문 꽂아진 상태로 만지면 금방이라도 쓰러질 듯한

모습으로 숨을 쉬고 있다
그때의 추억을 다시 책갈피에 꽂는다
잃어버린 세월이 아니라 단풍잎 하나의
서정을 주머니에 담아 달빛을 만지작거린다

갯가의 비릿한 음색을 그땐 몰랐다
여수에서 나로도를 오가는 여객선이
선창에 뱃고동소리 울리면 지금도 심장이 뛰박질을 한다
소금에 절여 변하지 않은 것처럼
여전히 그때 그 달빛을 실어 나르고 있다

기억의 화살을 당기다

무심결에 삼각산 기슭에서 연둣빛 새싹들이 일어섬을 보았다
느림의 미학이었다

멜로디가 화음 주머니 밖으로 밀린다
수화기 너머로 흘러나온 가냘픈 목소리에
이명이 떨림으로 쑴벅거린다
콩닥거리는 가슴을 길게 뽑어댔다
문득 꼬리를 물고 따라온 그리움은 어디가 끝일까
순간 내 상념의 꼬리를 자른다
끝이 보이지 않으니 그저 가슴으로 감지할 뿐이다

어떤 날은 회로가 멈춰서고
또 어떤 날은 과거가 현재처럼 돌아간다
그저 까마득한 것에 점 하나 찍어둘 뿐이다

내 삶의 문장부호는 젊은 날의 초상 일부를 차지하고
물러날 기미가 없다

산과 강물 어디쯤 핑크빛 치맛자락이 끌려가고 있다

꿈으로 지금까지 견뎌온 세월
연둣빛 사연은 늘 진행형이다

아버지의 금가락지

아버지를 어머니와 합장하는 장사를 지낸다
안개비가 산허리를 휘감고 있던 날
진한황토색 깊은 땅속에서 금반지를 건져올린다
아버지 관은 한 줌의 흙으로 변해있고
반지는 흙을 보듬고 둥글게 앉아있다
모두 반짝거리는 반지에 초점을 맞춘다

십 년 동안 동안거에 들었던 빛 한 줌 딸려 나온다
신라금관보다 더 빛나는 금반지를 들고
오빠가 방문을 두드린다
진흙이 범벅된 속에 유난히 반짝이던 아버지 반지
이것은 막내가 가지라는 뭉툭한 손을 내밀더니
말없이 나가신다

보슬보슬한 흙속에 갇혀있는 반지를 조심스레 만져본다
아버지가 나를 쓰다듬던 손길이 느껴지며 아린가슴에
눈시울이 붉어졌다
반지는 소나무가 더벅머리 만큼 많은 묘지에서

송홧가루를 들이마셨나 보다

아버지가 솔향을 묻혀 가벼운 발걸음으로
성큼성큼 들어오신 듯하다
밤새 반지 곁을 서성이며 아버지와 긴 대화를 나눈다
잠을 설친 이른 아침 아버지는 보이지 않고
머리맡에서 강한 빛만 내 눈을 파고 든다
반지는 한층 빛을 더하며 집안을 밝힌다
아버지 따뜻한 불씨가 등불이 되어 마루턱을 환하게 비추고 있다
그날은 금빛물이 잔잔하게 뜨락까지 물들이고 있었다

캠퍼스 유세

도종환 시인의 당선을 기원하며

멀리 찾아간 국회의원 후보의 선거사무실
계단마다 시로 벽화로 물들여 발걸음을 멈추게 한다
맞이방의 반가운 선물이다
구릿빛 둥근 접시에 접시꽃을 담는다
흔들리지 않고 피는 꽃이 어디 있으랴[3)]
그의 두 손은 엄동설한을 지나 단단하게 뭉쳤다
담쟁이가 담벼락에 띠를 두르려면 혹독한 꽃샘바람을 견뎌야 한다

그를 찾아 달려간 충북대학교 캠퍼스
꽃은 보장된 여름을 공약으로 봄을 유세하고 있다
자목련과 연분홍 살구꽃이 그의 선한 눈빛을 닮았다
청춘과 함께 어울려 맞잡은 손은 꽃으로 핀다
그의 책속에 시구詩句가 용트림하며 냇물처럼 흐른다
나는 그로부터 봄을 물 쓰듯 쓰게 하겠다
꽃을 평생 수당으로 지급하겠다
흔들리며 피어도 꽃으로 인정하겠다는 공약을 받아낸다

---

3) 도종환 시제목

아름드리 팽나무

고향집 현관앞
오랜 세월 잔가지를 늘어뜨린
아름드리 팽나무를 바라본다

백여 년의 세월을 버틴 그는
나의 추억을 잔뜩 짊어지고
힘이 넘친다
헤아릴 수 없는 비구름과
갯바람을 이겨내고
묵묵하게 자신을 뽐내고 있는
그는 마을의 자랑이다

나 어릴 땐 조무래기들 술래잡기로
매끄럽더니 아이들의 소리가 사라진 지금
울퉁 불퉁 아버지의 손등처럼 거칠다
여름이면 시원한 바람을 선물해 주었던 팽나무
아!
그 소리 그 놀이터로 넘나들던
그때가 그립다

제 4 부

내 마음의 히말라야

끈적이는 더위를 안고 길을 나선다
인파 속 친구의 라일락 빛 미소가 용산역을 환히 밝히고 있다
조금 높다는 등산을 처음으로 나선다
속리산 입구 정이품송이 팔을 벌리고 맞이한다
청바지에 빨간 셔츠가 젊음을 재촉하고
좀처럼 흐르지 않은 땀이 내 등줄기에 곡선을 그린다

그 산허리쯤에서 무작정 주저앉은 나를
친구들은 앞에서 끌어당기고 뒤에서 밀고 있다
문장대는 언제 나타날지 기약이 없다
몇 번의 고비 끝에 문장대 바위를 오르고 있다
흘린 땀방울만큼 울면서 걸었던 길을 돌아다 본다
스스로를 칭찬한다
습도가 속리산 둘레만큼 부피를 늘리는 날
체력의 한계를 자책하며 체력장 만점이 쪼그라든다
그땐 구름처럼 두둥실 날고 있었는데
가파른 산에 오른다는 것은 릴레이와 달랐다

숨이 턱에 차게 올랐던 문장대

눈보라 매서운 히말라야에서 가쁜 숨을 헐떡이며
밧줄을 달고 설경을 눈에 담는다
콧수염에 얼음주머니가 생긴다
삼십 여년 전 추억의 문장대를 향해 그리움이 몰려든다
친구들 우정이 히말라야 산맥을 이루고 있다

문장대(文藏臺)에 올랐던 우리들의 문장(文章)은
여전히 아름다운 봄날처럼 푸르다

석화 피다

섬진강 푸른물에 돌꽃이 피어났네
아른거리는 눈에 얼비친 덩이덩이들
돌꽃이 송이를 품으면 채취하는 뱃사공
갯마을에서만 피어나는 석화라 하지만
벗굴이 강물에도 집을 짓는다는 걸 이제야
알았네

전라선 고속철 따라 흘러가는 섬진강 벗굴은
세상에서 가장 큰 에메랄드 보석이더라
굽이치는 강물속 벗굴을 건져 올리니
어허라 둥둥, 금강이 따로 없구나
흥얼거리는 콧노래로 화답을 하니
강물은 나를 보고 물 흐르듯 살라고 하네

순천만의 수문에 섬진강 물 다다르니
바닷물과 누런 갈대 꽃잎 한데 섞여
어울리네
비릿한 벗굴 물 고향에 발 담그니
구름도 햇살 밖으로 젖내음 품어내더라

고향의 맛

엘리베이터가 열리자 스티로폼 박스
두개가 현관에 놓여있다
고향집 주소를 확인하고 뚜껑을 열어젖힌다
올케언니의 올망졸망한 정성이 묻어있다

고향의 맛이 듬뿍 들어 있는 상자
그중에 유난히 고운 당근이 눈에 띈다
고향 텃밭 한쪽에 늘 자리 잡고 있던
짙푸른 머리에 주황색 알몸
설날이면 어머니는 빼놓지 않고
당근나물을 만들었다

인삼과 비슷한 거라며 약처럼 말씀하시곤
한숟갈 내 입술에 느낌을 준다
텃밭에 찬 이슬 먹고 앉아서 머리숱이
많다고 으시댄다

지금처럼 달큰한 맛을 그때는 왜 몰랐을까
어머니가 나에게 그렇듯 들깨향과
굴 향이 잔뜩 묻어 있는 당근나물을
딸아이에게 강제로 디민다

어머니 말씀 양념으로 올케언니 솜씨는
고명으로 곁들인다
두 여인의 잔잔한 미소가 젓가락에 달라붙어
떨어지지 않는다
둥근 식탁이 갑자기 좁아진다
그런 날 밤은 어머니가 식탁 한 켠을 차지하고 계신다
갯바람이 배여 더 달착지근한 맛이 온 몸으로 감긴다

베갯잇을 잘게 흔들다

벽을 뚫고 저벅저벅 방안까지 걸어 들어오는
요란한 봄비에 화들짝 놀란다
빗소리는 심장의 박동을 자극하며
베갯잇을 잘게 흔들고 있다

창문에 부딪히며 힘을 실은 빗줄기가
새벽 종소리가 되어 파문을 일으킨다
대지의 먼지를 털어내는 소리는
여느 때보다 신선한 울림으로 다가온다

엷은 막을 드리운 채 달아나는 짧은 잠 호흡
내 마음도 차분하게 씻기어 내린다
오랜만에 내리는 빗소리는 뜰망으로
방황의 늪을 검지로 사냥을 한다
실외기 위에 물방울들이 소곤대며
말라붙은 가슴을 데워준다

여명의 눈동자들이 하나 둘씩 모이면
얇아진 마음이 실바람에 무명천 되어 나부낀다
하늘 저 편 따스한 온기를 머금은 시간은
흘러가는 것이 아니라 쌓여가는 것이다

초겨울 소묘

살얼음 위로 백로가 노를 저어간다
카페의 차창은 사방이 유리벽이고
강물이 살얼음에 쩌억쩌억 튕겨져 파문을 일으킨다

유리창 밖 세상은 평화 그 자체이건만
냉기로 가득 찬 듬성듬성 빈 의자 사이로
가슴이 쩌렁거린다
희고 높은 공간은 백로를 닮았다

만리장성을 쌓을 듯한 언어의 몸부림은
무얼 위한 나레이션인가
결과를 무게에 싣지 못하고 모래알처럼 흘러내린다
강 너머에는 설경이 비치는 산이
그림자를 따라 내려온다

찬 이슬이 시간을 잃어버린 채
밟음뻗고 있다
매운 공기는 넓은 창을 느릿느릿 데워준다
어느새 불빛은 저녁 종을 울리고 있다

사랑을 버무리다

따닥따닥 딱딱 무채 써는 소리
댄서의 순정 왈츠가 온 집안에
미끄러져내려 진동이다
채칼보다는 도마에서 썰어진 게
맛있다고 고집하는 남편
한석봉 어머니가 몇 번을 울고 간다
어디 그뿐이랴
양념을 노련하게 버무린 모습은 여자
셋 정도는 능가한다

늘 남편과 함께하는 버릇이 생겨 김장하는
날을 의논한지 오랜 세월이 흘렀다

둘은 세상이야기를 서로에게 들려주는
고추 방앗간을 한참이나 들락거린다
고소한 배춧잎을 서로에게 물려주며
쓱쓱 세상일을 함께 버무린다
시사도 개그도 양념과 적당히 버무려준다
작년보다 맛있는 것 같소

새우젓이 너무 많이 들어간 것 같아
이런 내 주문에 이 정도 간이 딱 됐다는
마침표 문장부호를 찍어준다

냉장고 문을 열어보니 모든 음식이 남편
위주다
주말에 패스트푸드 시켜먹는 아이들을
보면서 그때서야 느낀다
아이들보다 남편 위주로 살아 왔다는 것을
둘은 살아온 만큼 건건한 김장 맛이
입안에 감칠맛을 돋구어준다
삼십이 년 세월은 서로를 끈적하게 만들었다
한번에 이루어지는 것은 아무것도 없듯이
서로에게 스미고 있다
부부는 서로에게 스미고 있는 것이 아닐까

잔향

얼마쯤 걸었을까
발바닥이 차갑게 말아올린다
회색빛 통문을 열고서 신발을 벗다 말고 잠시 멈칫한다
붉은 물을 흠뻑 적신 그가 실오라기 하나 걸치지 않고
발목을 붙잡고 등을 오싹하게 만든 게 아닌가
그도 물기 머금고 찬바람 부는 밤이
싫었는지 강아지처럼 따라와서 납짝 엎드려 굽실거린다
짙은 화장을 하고 여느 해보다 길고 긴 여행에 지친 탓일까
늦가을 와인 빛 촉촉한 입술을 들이밀더니
향기를 전해준다
햇살이 쉬어가라는 위로라고 하자
나도 그도 젖어 사는 날의 연속이다
행여 푸른 하늘빛에 열병이 날까봐
찬비를 보내 차디찬 땅바닥으로 몰아낸 지도 모른다
조심스레 그의 몸을 양반다리로 앉히자
창가를 서성이던 조각달이 와락 덮친다
밤새 베갯잇에 숨겨두고 그와 달빛을 번갈아 만진다
또 한 계절이 데굴데굴 구르며 울부짖고 있다

수능시험

그는 해마다 같은 달 같은 요일에
찾아옵니다
늦잠을 자거나 그와 만날 자리를 잘 알지 못하면
경찰 오토바이족이 그들을 데려다 주지요
그러면 그들은 얇은 종이 몇 장과 조금 빠른 심장박동
소리를 해질녘까지 마주합니다

올해는 눈에 띄는 게 있었지요
몇 안되는 단원고 학생들이 가방에
노란 리본을 달고 소리 없는 방울이 되어
딸랑딸랑 발걸음을 맞춰갑니다
진도, 팽목항도 함께 걸었습니다

학교 정문이 쾅 하는 굉음을 내면 두 손
모은 어머니의 기도가 시작됩니다
그 모습을 보고 있자니 그가
가장 어머니들의 무릎을 꿇게 한다는

사실을 알았습니다
그로 인해 책 멀미가 났던 학생들 뒤로
가족은 모두 고삼병에 시달립니다
그에게 시달림은 받는 아이들을 보면
여유가 없어 보여 안쓰럽습니다

옛날에는 꾀도 부리며 살았지만 언감생심
꿈도 못 꿉니다
그에게 오늘이 지난다고 결코 자유로운 영혼이 아닙니다
인생을 좌우한다는 그도 백퍼센트
책임지는 요술방망이는 아니지요

그래도 올해엔 몸쓸 추위는 없어서 다행입니다
우리는 모두 그에게 이끌려 살고 있습니다

가뭄

농익은 가을을 찾아 나선다
거무칙칙한 단풍 빛깔에 놀란 가슴을 쓸어내리고 있다
극심한 가뭄이 이곳에도 다리를 뻗고 있다
농사를 업으로 살아가는 이웃들 생각이
낙엽처럼 나락되었을 가슴이 먹먹하다
연인의 길 은행잎은 그 빛을 잃었다

서울 어느 동에서 실어 나른다는 은행잎은
예쁘게 치장하기를 포기한 듯
하다
황금빛이 가을들녘 벼이삭보다 곱게
무장을 하고 남의 나라 군중들까지
맞이했건만, 바스락 소리만 발아래 밟힌다

하늘빛을 두 손으로 잡아 끌어당긴다
유난히 푸른 빛은 휑한 마음을 붙들어 맨다
화려한 빛을 쥐어주지 못하는 섬

세계 여러나라들이 극심한 가뭄에
시달리고 있는 현실
강가의 인어아가씨 동상은 무릎을
내놓고 시린발을 동동 구른다

테두리에 누런 이빨을 드러낸 바윗돌은
말라버린 이파리를 훔치고 있다
산이 강물위로 내려와 반영을 일으킨다
언제쯤 단비가 흠뻑내릴지

낙동강을 스치다

철새도래지 을숙도를 바라본다
오래 전 떼지어 몰려 들었던 청둥오리는
간간이 흔적만 남기고 저어간다
섬과 섬사이 다리가 강물위에 휘어져 꿈틀거리고
산 아래는 하늘을 찌를듯한 아파트가 허리띠를 두르고 있다

파 밭이 흐드러지게 있던 곳에는
거대한 콘트리트 빌딩으로 둘러 쌓여 오리의 바람막이가 되어 있다
하늬바람이 빗살무늬 물결을 일으켜
강물의 요정 오리는 물을 쪼아 댄다

베이지색 구두가 갯벌로 화장을 하고
갈대는 순정이란 이름을 앞세워
바람에게 몸을 맡긴다
순간 운무가 바람을 들어 올린다

강물에 입김을 불어 넣으니 어느새 을숙도에
보름달이 파랗게 부서져 내린다
먼저 떠난 친구가 달무리로 겹치더니
몸의 파동을 일으킨다

섬은 그때나 지금이나 갈대를 친구삼아
가을을 마구 흔들고 있다
달빛과 물빛이 어우러진 초저녁
강물은 홍건히 젖은 가슴을 말려주고 있다

몽돌 해변에서 마시는 가을 한 잔

수억의 파도는 몽돌의 살갗을 부빈다
밀려왔다 밀려가는 파도의 노래는
셀 수 없이 발등위에 쏟아진다
쏴아싸 쏴아싸 바다는 찰랑거리는 술잔으로 노래한다

몽실거리는 흰 구름에 크레파스 색 하늘을 수 놓고 춤사위를 한다
여느 때보다 통통하게 피어오른다
다도해를 안고 있는 남해안 물살은
쭈그러진 어머니의 젖가슴을 닮았다
비발디 사계가 네 번의 계절을 넘나든다
나는 겨울 곡을 택했다
남도의 가락도 보탠다

접동새의 은율을 가슴에 삼켰다
옥포의 구부러진 길섶에서 하모니카를 연주한다
계절을 바닷물에 빠뜨린다
코발트빛을 온통 가슴 위에 얹는다

해변은 붕장어와 전어의 맛을 꿀꺽
삼켜 버리고 오리발 내민다
쫀득한 살오름이 내 혈관을 타고
동료들의 추억까지 들이 마신다
남해안 물결이 살결마냥 하얗게 다가온다
햇살 한줄기 바람 한 줌이 별빛처럼 총총 가슴에 박힌다

나는 정한 눈빛을 문우들과 나눠 마신다

갈바람

기다리지 않아도 살며시 그녀가 온다
나는 쪽빛하늘 빛 따라 상큼하게
다가오는 그녀를 기웃거린다
기분 좋게 하는 그녀의 성품은 어디서
비롯된 걸까

그녀는 가는 곳마다 호박넝쿨처럼 주렁주렁 매달려
부드러운 멜로디로 때로는 풀잎 향기로 스친다
그녀는 가슴 한쪽에 비단 꼬리를 달았다
씽씽 달리는 기차도 멈추게 하고
한들거리는 코스모스 밭도 은빛
물살로 어루만진다

그녀는 골목길에도 나타나 가슴을 쿵쾅쿵쾅 두방망이질한다
교향곡으로 다가오는 그녀는 내 육신과 정신에 달라붙어
마음 감기를 앓게 한다
발레하듯 그녀가 날개를 펼친다

환절기마다 순정의 댄스로 나를 유혹한다
그럼 나는 또 다른 흔적을 드리운 그녀의 매운 어깨를
다독인다

오늘도 그녀는 빠르게 달린다
꽃과 들판과 나 사이로

여름을 견디는 이유

여름이면 삼베이불을 꺼낸다
그 이불 속엔 아버지 어머니가 계신다
오십여 년 전 할아버지 장례식 때
입었던 상복으로 만든 이불

대청마루 선반에서 고이 모셨던 삼베옷이다
어머니는 아버지가 돌아가시자
조심스레 상자를 내려 요 홑청으로
만들었다

열 많은 남편은 어머니가 건네준 까칠까칠한
삼베 요를 등짝에 붙이고 잠을 청한다
여러 해가 지나는 동안 부드러워졌지만
어머니의 바느질 자국이 지금도 내
가슴을 꿰매고 지나간다

삼베 요는 조부모님 부모의 체취가
알알이 박혀
물결마냥 구불거리고 있다

다이아몬드보다 값지고 빛나는 삼베이불내
가슴에 너른 마당으로 숨쉬고
살아가는 동안 반듯하게 자리잡아
여름을 견디게 할 것이다

남이섬을 배회하다

'나미나라' 라 부르는 섬 하나가 물 위에
부표처럼 움찔거린다
초록 언어들이 물결을 이루고 있다

계절마다 색다른 옷을 입고 무지개빛
사연을 더운 바람에 널고 있다
같은 곳 다른 느낌 청춘의 고향이다

논 서 너 마지기 논빼미에 돌계단을 뿌려놓는다
인력거 같은 자전거가 폴짝폴짝 뛰면서 얇은 바지가랑이에 입김을 넣는다
섬엔 염분기가 없어 강을 휘젓는 물비늘만 노을을 벗삼아 찾아들었다
감아지기를 반복한다

섬은 미풍을 흩날리면서 햇살을 여지없이 떠받치고 만다
테니스 코트를 닮은 풀 잔디 네 개가 익숙해진 넓은 가슴을 내밀었다

미소가 먼저 따라와 홍얼거리는 몸짓,
각시탈이 없어도 그만이다

강줄기에 묻은 크고 작은 섬이 갸우뚱
실한 삼나무가 앞뒤를 따라다닌다
구겨놓은 발열이 기어나온다
그곳에 가면 키가 쑥쑥 자란다
나는 아련한 추억을 가랑비에 섞어 엷은 풀향기 발산한다

예술가의 진화

그곳은 진종일 예술가들의 함성이 메아리친다
새벽까지 술잔을 나르는 검은 앞치마
깃단 속으로 활기찬 모습을 마신다
어둠이 땅바닥에 기어다니면
휘황찬란하고 애띤 모습들이
골목 틈새에 고개를 내밀고 있다
잠들지 않은 영혼들이
시나브로 안개빛 담벼락에
눌러 붙어 흔들리며 시위를 한다
모서리가 뜯겨진 가방과 베레모는
상징이었지만 요즘은 시대가 달라졌지
배낭을 걸쳐 맨 중년의 신사도 뾰족구두를
달그락거리는 세련미의 여인도 예술가다
머리를 질끈 동여 매야 예술가인가
이제 예술가들은 틀을 깬 지 오래다
그렇게 익숙해진 시간속으로 들어오고 있다
창을 밝힌 젊음의 거리
나는 길들여진 예술인의 창고에서
보물을 들어올린다

새우등

동창회를 다녀온 남편 얼굴은 그리 밝지가 않다
발그레한 모습은 벌써 취한 눈빛이 영력하다
잠이 든 남편의 뒷모습을 유심히 바라보니 영락없는 새우등이다
세월의 흔적이 묻어난 뒷덜미에 삶의 애환이 새우등처럼 굽어있지 않은가
때론 폭풍우가 걷잡을 수 없이 그의 가슴을 내리쳐
고추보다 맵게 뿌려졌을 것이다

매일 오고가는 길에 마른샘물 하나 퍼내면서
가슴에 단단한 옹이가 자리를 한 뼘 차지하고 있겠지
식솔을 책임진다는 가장의 어깨는 낙엽처럼 말라 있다
하여 머리에 경련을 일으켰을 꽃 무덤 같은 삶

생각하면 그 세월 만리장성의 숲이 바람몰이를 했다
그의 넥타이엔 여섯 개의 눈동자가 파리하게 매달려
문신을 새겼고 습관적으로 마신 술은 단물이 아니었을 것이다

오늘따라 잠자는 모습이 낯설기만 해 쉽게
잠을 이루지 못하고 뒤척인다

욕심 없는 마음이 긴 상념에 젖어드는 깊은 밤이다

풍성하고 맛있는 서정의 식탁

공광규 | 시인

신연두의 시집 원고를 읽어가면서 항상 푸른 초목에 관심을 두고 있는 자연주의자이자 인간에 대한 이해가 깊은 자애로운 인간주의자가 차려준 한 권의 풍성한 식탁에 앉아 있는 느낌을 받았다. 시집이 숲과 나무, 꽃과 사람, 바다와 기억, 회고와 소망으로 가득차서 마음이 푸르러지고 따뜻해지는 기분이 들었다. 시들은 숲, 바다, 가족 중심의 서사가 끝없이 이어지고 비약하면서 출렁이는 초록의 바다와 같은 인상을 준다. 따라서 이런 신연두의 시들은 숲-바다-가족이라는 큰 범주 안에서 거의 이해되고 설명될 수 있다는 생각이 들었다.

1.

신연두의 시를 읽으면서 내가 가장 행복했던 시는 아래 「숲속의 행진곡」이다. 숲을 자세히 관찰하여 바람에 반응하는 각각의 모습을 활력 있게 표현하고 있다. 사물의 관찰을 통해 발견에 이르는 시의 원리를 체득하고 있는 것이다.

단풍나무가 머리를 흔들며 바람결 따라
어슬렁거립니다
서로 비슷한 몸집의 똑같은 이파리들이
기를 쓰며 물텀벙이 물장구 칩니다
맞은편에 측백나무가 우쭐댑니다
그에 뒤질세라 라일락이 실바람까지
어깨동무를 하고 눈웃음을 칩니다
땅바닥에 납작 엎드린 철쭉이 요란하게 손뼉을 칩니다
잿빛구름은 비를 데려와 이명이 들린다고 합니다
이파리들이 골짜기까지 쩌렁쩌렁 푸른
종을 울리며 사랑을 전송하고 있습니다

안개비가 무명치마를 두른 채 문지기를 합니다
어깨에 푸른 잎을 두르고 총총 걸음합니다
햇살은 순풍에 돛을 달고 따사로움 더해갑니다
새벽은 이슬을 데려와 여명의 문을 두드립니다

모두들 고요 속에서 행진하고 있습니다

-「숲속의 행진곡」 전문

우아하게 둥둥 떠 있는 백조의 발이 물속에서 수없이 움직이듯, 멀리서 보면 아름답고 고요할 것 같은 숲도 숲속에 들어가 자세히 살펴보면 무언가 자기 역할들을 충실히 하고 있다. 아름다운 외면의 모습은 부지런한 내면이 있기 때문일 것이다. 이러한 진리는 관찰자만이 찾아낼 수 있다. 고요한 숲도 마찬가지다. 초목 하나하나가 자신의 역할을 분주하게 하고 있기 때문에 아름답고 풍성한 숲을 유지하는 것이다. 시인은 관찰자이다. 관찰자인 신연두는 숲에서 이러한 만물의 원리를 발견하고 있다.

인용한 시에서처럼 나무들은 나무의 크기와 잎의 크기에 따라

바람에 반응하는 현상이 다르다. 단풍나무는 어슬렁거리는 것 같고 측백나무는 우쭐대는 것 같다. 실바람에 흔들리는 라일락은 눈웃음을 치는 것 같다. 철쭉은 손뼉을 치는 것 같다.

그런데 숲에는 나무만 있는 것이 아니다. 안개비도 있고 햇살도 있다. 새벽이슬도 있어야 어울린다. 아름다운 숲은 초목만 가지고 안 되는 것이다. 이런 여러 가지가 고요 속에서 나름대로의 걸음으로 행진해야 한다. 시인은 각자의 분주한 역할 속에서 한 세계가 멋진 화음을 이룬다는 만물의 원리를 숲의 관찰을 통해 발견해내고 있다.

따라서 이 시는 단순히 숲에 대한 이야기가 아니다. 서로 자기의 고유한 역할을 충실히 하면서 조화롭게 집단을 이루어 사는 사람의 이야기로도 읽힌다. 이렇게 초록, 숲, 식물과 함께 자연현상은 신연두 시의 장점이기도 하고 개성이기도 하다. 신연두는 이런 어휘들을 인의화하고 활유화하고 사물화하고 감각화하여 독자의 감성을 푸르게 자극한다.

아래 시 「새소리 밥상」 같은 경우도 마찬가지다.

뿌연 어둠이 잔기침을 하며 똑똑 창문을 두드린다
새소리 자명종이 내 귀를 침범 한다
매일 반복되는 그들의 소리가 삼각산
하천을 따라 초록 이파리들에게 부딪친다
그들은 메조 포르테로 울림을 주니
달리는 차의 경적 소리는 기가 죽었다
테너와 소프라노로 듀엣 연주를 한다
매일 무심코 들었던 나는 문득 그의 이름이 궁금해
쫑긋쫑긋 귀를 앞세워 창밖으로 주파수를 맞춘다
사그라졌다 반복하기를 수차례
뭐 이름은 알아서 무엇 하랴

신새벽에 나를 깨워주는 몫이라 하자
빗소리까지 가세를 한다
어제 따가운 햇살을 부둥켜안은 먹구름은
문을 열고 나오더니 한소끔 눈물을 떨군다
그러자 턱밑에 있던 휴대폰 소리가 와르르 쏟아진다
갖가지 소리가 세상을 열고 닫는다
나는 그 맑은 소리들을 조심스럽게 불러 모아
아침상을 차린다

-「새소리 밥상」 전문

새벽의 뿌연 어둠이 잔기침을 하며 똑똑 창문을 두드린다고 의인화 하고 있다. 새벽의 새소리와 자명종은 내 귀에 들리는 것이 아니라 귀를 침범한다고 한다.

시인은 이런 비유를 통해 독자의 감각을 새롭게 일깨운다. 인류가 시를 발명하고 읽고 시를 버리지 않는 이유가 시를 통해 이런 즐거움을 만날 수 있기 때문이다.

화자는 이런 소리들이 매일 반복되는 삼각산 아래 살고 있다. 또 이런 소리들은 골짜기와 하천을 따라 초록 이파리들에게 부딪혀 새로운 감각을 가져다준다. 메조 포르테르로 들리는 새소리, 즉 청감각이다. 화자는 이런 자연의 소리에 묻혀 자연의 반대 개념이자 문명의 상징인 자동차의 "경적소리는 기가 죽었다"고 한다. 자연이 문명을 이기고 극복하는 잠깐의 기간인 이른 아침의 풍경이다.

날이 밝아오면서 새소리는 테너와 소프라노로 합창이 시작되고, 화자는 이 새의 이름이 궁금하다. 창밖을 보지만 새는 보이지 않는다. 그러나 새를 볼 필요도 이름을 알 필요도 없다고 한다. 그냥 새소리면 족한 것이다. 새소리면 족한 것, 이것이 자연이다. 새소리가 자신의 신새벽을 열어주는 존재로 인정해주면 된다고 단념한다.

시는 새소리에 빗소리까지 가세하여 한층 더 아름다운 자연의 화음을 이룬다. 그러다가 사람들이 활동하는 아침이 오면 휴대폰 신호음이 소리가 화음을 이룬다. 결국 화자는 이런 소리들을 모아서 아침상을 차린다고 한다. 자연의 소리를 사물화하여 만든 요리로 아침 식탁을 차려내는 것이다. 이렇게 일상과 관념을 사물화하여 감각으로 보여주는 시의 원리를 신연두는 투철하게 개진하고 있다.

고향집 현관 앞
오랜 세월 잔가지를 늘어뜨린
아름드리 팽나무를 바라본다

백여 년의 세월을 버틴 그는
나의 추억을 잔뜩 짊어지고
힘이 넘친다
헤아릴 수 없는 비구름과
갯바람을 이겨내고
묵묵하게 자신을 뽐내고 있는
그는 마을의 자랑이다
나 어릴 땐 조무래기들 술래잡기로
매끄럽더니 아이들의 소리가 사라진
지금은 울퉁 불퉁 아버지의 손등처럼 거칠다

여름이면 시원한 바람을 선물해 주었던 팽나무
아!
그 소리 그 놀이터로 넘나들던
그때가 그립다

-「아름드리 팽나무」 전문

시 「숲속의 행진곡」이나 「새소리 밥상」이 숲과 자연을 감각화한 현재의 시라면 「아름드리 팽나무」는 고향집 앞에 있는 팽나무를 보고 과거를 회고하며 그리워하는 현재의 시다. 시인의 성장의 배경엔 이런 팽나무의 과거가 있고, 이런 과거가 오늘의 나무나 숲을 보는 눈을 길러주었을 것이다.

화자는 오래 살아서 아름드리가 된 팽나무를 보고 있다. 팽나무가 자신의 추억을 짊어지고 있으며, 비구름과 갯바람을 이겨냈다고 한다. 시인은 고향의 팽나무에서 어떤 늙음이나 상실을 이야기하지 않는다. 오히려 힘이 넘치고 묵묵하게 자신을 뽐내고 있어 자랑스럽다고 한다.

대개 시인은 사물에 자아를 투영한다. 그런 면에서 시는 현재 시인의 자아와 닮는다. 시인의 자아가 힘이 넘치고 나름대로의 고통을 이겨내고 묵묵하게 자랑스러운 삶을 살고 있다는 것을 시가 방증하고 있다.

아무튼 세월이 흘러 과거에 표피가 매끄럽던 팽나무가 지금은 나이가 먹어서 늙은 아버지의 손등처럼 울퉁불퉁하다고 비유한다. 이런 나무를 통해 시인은 어린시절 팽나무를 중심으로 술래잡기를 하고 여름날 시원한 바람을 선물로 주던 것을 그리워한다.

2.

신연두의 시에는 바다 제재가 많이 나타난다. 아마 그가 성장한 고향이 바닷가인 것과 관련이 있을 것이다. 누구에게나 고향이야말로 원초의 기억이며, 시인은 결국 원초의 기억을 팔아먹고 사는 존재다. 우리는 그이 시 「우주선, 나로호에 부쳐」에서 시인의 고향에 대한 정보를 알 수 있다.

시인의 고향은 고흥반도이다. 그는 시에서 "어릴 적, 호수처럼 잔잔한 / 에메랄드빛 바다는 나에게 희망을 안겨주었다" 고 고향의 바다를 상찬하고 있다. 그의 고향은 "연도교 아래 여수와 거문도를 오가는 여객선 뱃고동소리가 / 하얀 물보라 일으키며 바닷길 한가운데 가로 지" 르는 곳이다.

그러나 그의 시에는 고향의 바다만 소재로 들어오는 것이 아니다. 그가 성장하여 여행을 한 부산 해운대나 청산도 등 전국의 바다가 그의 시 속에 소재로 등장한다.

밀물을 안고 서서히 썰물을 빼앗아 먹는 바다
짜디짠 물이 빠져나간 후에 갯벌 위에는
짱뚱어들의 놀이터가 된다
하루에 두 번씩 섬과 섬 사이를 밀고 오느라
태풍보다 무섭게 돌섶에 부딪치고는 이내
눈 깜짝할 사이에 파고든다
바닷물을 출렁이고 철썩이며 갯바위를 때린다
쪽빛바다는 금모래와 몽돌 자갈이 뒤엉켜있다
그들 사이에는 마음 훌쳐매기를 하고 있는 게
분명하다
자주 바라보지 않으면 조갈증 난 송아지마냥
울부짖음으로 토해낸다
바다는 나의 전부를 알지 못해도 나는 그를 알고 있다
바닷물은 어디서부터 밀려와 어디까지 빠져 나가는 것일까
그 신비로움에 갯벌을 훔쳐보느라 얼룩진 가슴이다
바닷가 모래톱에서 사랑을 쌓고 그곳에서
첫사랑과 아쉬움을 남겼지
바다는 비린내 나는 물고기만 노닌 게 아니라
풋풋한 소녀의 순정까지 썰물에 녹아내리게 한다
바다는 청보랏빛 사랑까지 끌고 다닌다

-「다도해」 전문

이렇게 바다는 시인에게 첫사랑과 아쉬움을 남긴 곳이고 "풋풋한 소녀의 순정" 까지 녹아내린 곳이다. 지금 그 바다는 청보라빛 사랑까지 끌고 다닌다. 시인은 바다를 통해 결국은 사랑을 노래하지만, 시에는 시인의 몸에 익은 오래된 체험과 관찰이 녹아있다. 시인에게 바다는 밀물을 안고 썰물을 서서히 빼앗아 먹는 바다이다. 그리고 물이 빠져 나간 갯벌은 짱뚱어들의 놀이터다. 바닷물은 섬과 섬 사이를 밀고 다니며 돌섶에 부딪히기도 하고 갯바위를 때리기도 한다. 금모래와 몽돌 자갈을 뒤엉키게 한다.

이 지점에서 시인은 바닷물이 '마음 홀쳐매기' 를 하고 있다고 한다. 바다도 마음이 있다며 무생물에 생명력을 불어넣고 있는 것이다. 다시 말하면 바다에 생명력을 부여하여 화자가 바다를 "자주 바라보지 않으면 조갈증 난 송아지마냥/ 울부짖음으로 토해낸다" 고 한다. 화자는 바다의 속성을 알고 있다. 그러면서 바닷물이 어디서 와서 어디로 가는지 의문을 제기한다. 이 알 수 없는 바다의 근원은 사람의 얼룩진 가슴을 닮았다고 한다.

시 「해운대」는 부산 해운대를 여행하면서 발상한 시다. 시인은 고향에서 먼 바다인 해운대에 가서도 어린 시절을 회억한다.

작은 모래알이 수 없이 부서져 내리는 바닷가
이제야 나는 그대와 마주합니다
동백섬과 큰바위얼굴이 즐비하게 서 있고
해운대 특별시라는 멋스러움이 묻어나는 그곳
다양한 칼라 파라솔이 쳐져있는 여름바다
손가락으로 셀 수 없을 만큼 많은 사람들
그곳에서 그대와 마주합니다

당신의 모래톱에 맨발을 맡깁니다
사각사각 밟히는 촉감

당신의 살결이 물보라만큼이나 보드랍군요
발로 그린 하트모양은 파도에 휩쓸려
망망대해 항해를 시작하네요

노란 튜브에 몸을 맡긴 사람들 사이로
나도 몰래 어린아이가 되어봅니다
파도치는 움직임 따라 부평초가 되어봅니다

나는 늘 바다를 품고 살아왔지요
그래서 그대가 더욱 그리웠나봅니다
밀려왔다 밀려가는 그대의 노래
소라가 들려준다는 그대의 전설

아득한 그때 달빛 아래 밤바다에서
멱 감던 어린 시절도 지금 같았지요
가슴에 꿈을 싣고 태평양을 향해 노저어갑니다

-「해운대」 전문

늘 "바다를 품고 살아왔" 다고 고백하는 시인은 해운대 바닷가에 가서야 '그대' 와 마주한다고 한다. 지금의 해운대는 바닷가라기보다는 하나의 특별한 도시 이미지로 들어온다. 사람이 많이 몰려드는 이런 도시에서 화자는 '그대' 와 마주한다고 한다. 그대는 다름 아닌 부드러운 모래밭이다. 바다는 바다인데 개인의 역사와 감정이 개입된 모래밭이다.

이런 모래밭에 맨발을 맡기는 화자. 화자는 모래밭을 무성의 물체가 아니라 '촉감' 이 있는 '살결' 로, 즉 생명체로 상상한다. 화자는 해운대에 와서 그동안 "늘 바다를 품고 살아왔" 기에 "그대가 더욱 그리웠나" 보다고 한다.

아무튼 이 시는 "밀려왔다 밀려가는 그대의 노래 / 소라가 들려준다는 그대의 전설"이라는 부문에서 가장 빛난다. 모래밭, 모래톱에는 화자가 어려서 경험한 아득한 달빛 아래 밤바다가 있고, 멱을 감던 어린 시절이 기억으로 존재한다. 먼 바다 태평양을 향해 꿈을 실었던 어린 시절도 있다.

다른 시 「노을을 품은 바다」에서는 저녁 바다 풍경을 보고 서정적 충동이 일어서 쓴 시다. 아마 시인이 노을을 보고 있는 장소는 노을이 아름다운 삼십 리 백수해안도로이다. "파도소리가 쉼 없이 엉겨 붙는" 곳이다. 황홀한 노을은 화자를 흥분으로 몰아넣어 "맥박을 빠르게 만들고 있다." 결국 화자는 "숨이 멎을 것 같은 선홍빛 노을이 오장육부에 깊게 파고" 드는 서정적 경험을 하고 있다.

잔잔한 물결이 에메랄드빛을 펼치더니
선착장엔 아리랑이 파도로 출렁인다
청산도에 발을 디디니 몸이 먼저 아리랑을 읽는다
촤르르 윤기 흐르는 담쟁이를
손바닥으로 쥐었다 펴기를 반복한다
이파리들이 연녹색으로 얼굴을 내밀고
심장은 두근 반 서근 반이다
지척인 고향이 두 겹으로 밀려오고
어린 시절이 슬로우 비디오로 두태를 자극 한다
남도는 잔물결과 달리 흥이 많아
망망대해 큰 물결로 어깨가 절로 들썩 거려진다
아리 아리랑 스리 스리랑 남도 가락으로 장단을
맞추고 붉은 노을을 친구삼아 덩실덩실 춤을 춘다
바다 넘어 언덕을 어루만진다
섬 처녀는 쌀 서 말도 못 먹고 시집간다는
전설이 귀밑머리를 훔치며 밀물처럼 밀려든다

청산도는 어둠까지 파릇한 섬이다

-「어둠까지 푸른 청산도」 전문

청산도 여행에서 제재를 채집한 「어둠까지 푸른 청산도」는 바다의 아름다움을 에메랄드빛으로, 파도의 출렁임을 우리의 전통적 노래인 아리랑으로 비유하고 있다. 화자는 청산도에 도착하자마자 몸으로 바다를 읽는다. 청산도는 시인의 고향인 고흥에서 멀지 않는 곳이다. 고향과 바다로 이어진 섬에 오자 화자는 어린시절을 떠올린다.

특히 바다의 출렁임을 남도의 가락으로 비유하여 "망망대해 큰 물결로 어깨가 절로 들썩 거려진다 / 아리 아리랑 스리 스리랑 남도 가락으로 장단을 / 맞추고 붉은 노을을 친구삼아 덩실덩실 춤을 춘다 / 바다 넘어 언덕을 어루만진다"는 표현이 압권이다. 푸른색과 파도의 움직임이 아름다운 청산도는 시인에게 어둠까지 온통 파릇한 섬으로 보이게 하다.

3.

신연두의 시의 제재적 특징 중에 가족 역시 빼어놓을 수가 없다. 아버지 어머니에서부터 시아버지와 시어머니, 올케, 남편까지 그와 인연이 된 기족들이 시 속에서 의미 있고 행복하게 자리한다. 안정적이고 행복한 그의 현재 삶이 바로 가족관계에서 형성되었다고 보면 될 것이다. 아마 그의 시에 나타난 가족 중에서 가장 형상이 잘된 시는 남편에 대한 애정어린 연민과 시선, 안타까운 상념에 잠기는 「새우등」일 것이다.

동창회를 다녀온 남편 얼굴은 그리 밝지가 않다
발그레한 모습은 벌써 취한 눈빛이 역력하다
잠이 든 남편의 뒷모습을 유심히 바라보니 영락없는 새우등이다

세월의 흔적이 묻어난 뒷덜미에 삶의 애환이 새우등처럼 굽어있지
않은가
때론 폭풍우가 걷잡을 수 없이 그의 가슴을 내리쳐
고추보다 맵게 뿌려졌을 것이다

매일 오고가는 길에 마른샘물 하나 퍼내면서
가슴에 단단한 옹이가 자리를 한 뼘 차지하고 있겠지
식솔을 책임진다는 가장의 어깨는 낙엽처럼 말라 있다
하여 머리에 경련을 일으켰을 꽃 무덤 같은 삶

생각하면 그 세월 만리장성의 숲이 바람몰이를 했다
그의 넥타이엔 여섯 개의 눈동자가 파리하게 매달려 문신을 새겼고
습관적으로 마신 술은 단물이 아니었을 것이다
오늘따라 잠자는 모습이 낯설기만 해 쉽게 잠을 이루지 못하고
뒤척인다
욕심 없는 마음이 긴 상념에 젖어드는 깊은 밤이다

-「새우등」 전문

시는 동창회에 다녀온 남편의 얼굴이 밝지 않은 것에서부터 시작한다. 동창회는 즐거워서 나가기보다 체면이나 인간관계 유지를 위해 의무적으로, 아니면 생계를 목적으로 나가는 경우가 많다. 동창회에서 취해 돌아와 잠든 남편을 살피는 화자. 남편은 새우등을 하고 잔다.

새우등은 가계를 짊어지고 수십 년을 버티며 살아오느라 그 무게에 굽은 것이라는 화자의 상상이다. 일생을 살아가며 누구나 겪는 일이지만 남편이 한 가계를 꾸리느라 겪었을 때로는 "머리에 경련을 일으켰을" 걷잡을 수 없거나, 고추보다 매운 시절이 있었음을 회상한다. 이런 가장의 가슴에는 세상에서 받은 상처로 인한 '옹이'가 자리하고, "어깨는 낙엽처럼 말라 있"다고

한다.

"여섯 개의 눈동자" 즉, 세 명의 처자식이 '매달려' 있는 남편의 넥타이에 꽂히는 시선들과 '습관적인 타의'로 마셨을 술을 생각하면 애처롭기까지 하다. 이런 삶의 역경을 지나온 남편이 자는 모습이 새삼 낯설다. 이런 낯섬은 관심 때문에 이루어지는 것이다. 이제 가정이 편안해져 아무런 걱정도 욕심도 없지만, 이런 상념으로 화자는 잠을 이루지 못하고 있다. 새우등을 하고 자는 남편을 바라보는 화자의 시선이 애틋하면서도 따뜻하고 사랑스럽고도 자애롭다.

신연두의 시에는 아버지에 대한 기억이 여러 편 편재한다. 시 「학의 DNA」에서 보면 아버지는 백구두를 신고 "여름이면 모시 적삼에 부채를 / 한 손에 들고 지팡이로 / 멋을 내"었던 것 같다. 또 화자는 아버지를 배 아플 때 손으로 문질러 주던 "가늠 할 수 없는 사랑의 온도계"로 기억하고 있다.

시인은 이런 고매한 아버지의 성품을 이어받아 현재 시를 쓰는 딸이 되었다고 고백한다. 딸은 아버지를 어머니와 합장하는 과정에서 건져 올린 아버지의 금반지를 보고 아버지를 생각한다. 산소에서 나온 "신라 금관보다 더 빛나는" 아버지의 금반지를 오빠가 막내인 자신에게 가져다 준 것이다.

> 보슬보슬한 흙속에 갇혀있는 반지를 조심스레 만져본다
> 아버지가 나를 쓰다듬던 손길이 느껴지며 아린가슴에 눈시울이
> 붉어졌다
> 반지는 소나무가 더벅머리 숱만큼 많은 묘지에서 송홧가루를
> 들이마셨나 보다
> 아버지가 솔향을 묻혀 가벼운 발걸음으로 성큼성큼 들어오신 듯하다
> 밤새 반지 곁을 서성이며 아버지와 긴 대화를 나눈다
>
> -「아버지의 금가락지」 부분

아버지의 금반지를 받아든 화자는 아버지에 대한 사랑의 기억으로 잠을 설치게 된다. 그 이후 아버지의 "반지는 한층 빛을 더하며 집안을 밝" 히고 "따뜻한 불씨가 등불이 되어 마루턱을 환하게 비" 춘다. "금빛물이 잔잔하게 뜨락까지 물들이" 는 이런 아버지의 반지 이면에는 '종부의 삶' 을 산 어머니가 있다. "바람이 움직이는 각도나 구름을 보면/ 엄니는 다음 날 날씨까지 정확히/ 꿰뚫어 맞추" (「어머니의 바람」 부분)는 지혜로운 분이었다.

96세의 생을 마감했던 엄니는
단단하고 곧은 성품의 여인이었다
당신 나이 불혹을 훨씬 넘겨 막내로
태어난 나는 엄니의 젊은 모습을 모른다

백수 가까이 걸어왔던 발자취는
먼저 보낸 큰아들의 슬픔에 새처럼 날아가셨다
당신의 살결은 분처럼 고왔고
4대가 함께 사셨던 삶을 생각하면 내 가슴이 울컥하다

젊어선 화병과 동무해서 살았다는 말씀은
철들자 먹먹하게 들려왔다
방앗간, 선주, 화려한 발전기 그것들과 달리
당신의 한숨은 고래도 삼킬 듯 했지만
인내를 기둥삼아 살았으리

여자도 배워야 산다고 고집하던
엄니는 진정한 스승이였다
어머니란
사랑과 헌신의 숭고한 이름이 아니었던가

언제든 바라볼 수 있는 곳에 있다는 위안이
알싸한 내 마음을 위로한다
정직과 강인함을 업으로 삼으신 엄니가
매 순간 그리워 오늘도 남쪽하늘만
멍하니 바라본다

-「종부의 삶」 전문

시의 주제는 간략한 종부의 일생이다. 거의 백수에 이르러 돌아가신 어머니는 불혹을 넘겨 화자를 낳았다고 한다. 막내로 태어난 화자는 어머니의 젊은 모습을 기억하지 못하고 있다. 어머니는 한 집에서 4대를 꾸리면서 산 종부의 삶이었다. 많은 과거의 어머니들처럼 "젊어서 화병과 동무"하고 "인내를 기둥 삼아" 산 어머니.

어머니는 화자에게 "여자도 배워야 산다고"는 고집을 부렸다. 이런 어머니를 화자는 진정한 스승이라고 하고 있다. 어머니의 삶과 화자 자신을 삶을 대비해 보면서, 화자는 돌아가신 어머니를 그리워하며 고향인 남쪽 하늘을 멍하니 바라보고 있다.

신연두의 가족에 대한 관심과 시적 형상 대상은 자신의 친가에 국한하지 않는다. 올케에서 시부모에게까지 폭넓다. 넓고 자애로운 품성이 시에서도 고스란히 드러난다. 대개, 그리고 상식적으로 시누이와 올캐는 경쟁과 질투의 관계로 학습되고 문화처럼 굳어졌다. 그런데 신연두의 시에 나타난 시누이와 올케의 관계는 그렇지 않다. 관념과 상식을 넘어선 자애와 이해의 관계이다.

나에게는 낳아주신 엄마와
뒷바라지 해주신 엄마, 두 분이 계시다
학교 다닐 때 하루도 거르지 않고
도시락을 싸주신 올케언니는

나의 또 다른 엄마나 다름없다
- 중략 -
어린나이에 종갓집 맏며느리로 시집와
갖은 고생하며 많은 식솔들 챙기고 살림하느라
이제 병만 남아서 노구를 이끌고 살고 있지만
남은 여생 우리 오빠 몫까지 행복하세요 언니

- 「올케언니」 부분

신연두는 시 「올케언니」에서는 "낳아주신 엄마와 / 뒷바라지를 해주신 엄마, 두 분이 계시다"고 한다. 나의 또 다른 엄마인 올케는 화자인 시누이에게 하루도 거르지 않고 도시락을 싸주었다. 42년간 시부모님을 모시고 산 애환을 얼굴 주름이 소나무껍질처럼 골이 깊어진 것으로 형상하고 있다.

이 시는 어린나이에 종갓집으로 시집을 와서 많은 식솔들을 챙기느라 갖은 고생을 하면서 산, 지금은 노구를 끌고 다니는 올케에 대한 한 편의 아름다운 헌시다. 삶이 어떻든 사람은 나이가 먹으면 누구나 다 병들어 죽는다. 인생의 가장 큰 문제인 '생로병사' 사자성어가 여기서 나왔다.

그러나 자신의 기록을 남기고 가는 사람은 많지 않다. 자신이 기록을 남기지 못할 경우에는 남이 남겨준다. 부처와 공자와 예수가 그런 경우다. 이 시로써 올케의 인생은 시누이에 의해 아름다운 기록으로 남겨지는 몇 안 되는 사람 가운데 하나가 되었다.

신연두의 시에 발견되는, 다른 사람들의 시집에서 보기드믄 소재 하나가 시아버지를 제재로 쓴 시다. 시 「해 저무는 언덕에서」다. 시인이 시가에 대한 정성과 관심과 사랑의 폭이 무량함을 반증한다. 대부분 사람들의 시댁과 관계를 뛰어 넘는 보기드믄 풍속화 한 장이다.

가을걷이가 시작된 들녘에 참새가 줄을 이어 하늘높이 오른다

아버님이 호탕한 웃음으로 다가오신다
임신한 나를 위해 일주일이 멀다하고
손편지를 보내주시던 아버님
그 마음은 너른 들판의 황금물결 같았다
편지는 사랑을 싣고 대학생 신랑을
대변해 주었다
분홍꽃무늬 내복과 함께 배달된 사연
'자부 받아 보아라'
고딕체 글씨처럼 정갈한 성품 가슴에 젖어든다
끝없이 펼쳐진 가을들녘 마주하니 아버님 크신 사랑이
햇살보다 더 강하게 반짝 인다
입 안 가득 찐쌀을 입에 물면 달달한 사랑 넘치도록 찰방찰방하다
이제 해창만 너른 들판을 바라보는
상포 언덕에 쓸쓸하게 누워
68년을 함께 한 어머님과 쓰디 쓴 이별의 악수를 하신다
일제강점기시대 6·25전쟁 보릿고개 산을 넘고 넘어
단풍나무 우거진 보슬보슬한 땅 기운 받아
영원한 하늘나라로 소풍 가신다

-「해 저무는 언덕에서」 전문

돌아가신 시아버지와 황금들녘은 등가가 된다. 시아버지는 곧 황금들녘이고 황금들녘은 곧 시아버지가 되는 것이다. 화자에게는 시아버지와 황금들녘이 겹치는 것이다. 시인은 가을걷이기 시작된 들녘을 바라보다가 생전에 호탕하게 웃던 시아버지를 환기한다. 시인은 시아버지가 들녘에서 일을 하던 모습을 기억하고 있을 것이다. 때문에 들녘을 보면서 동시에 시아버지가 떠오르는 것이다.

이런 시아버지는 임신한 화자에게 "자부 받아 보아라" 하는 서두의 편지를 일주일이 멀다하고 보냈었고, 편지와 함께 "분홍꽃

무늬 내복"을 보낸 적도 있다. 이렇게 가을 들녘을 바라보며, 시아버지를 상기하고 회상하면서 햇살보다 강하게 반짝이는 시아버지의 '큰 사랑'을 확인하는 것이다. 시가에 들이는 시인의 정성은 어떤 방식으로든 그에게 돌아갈 것이다. 이 아름다운 시집도 그 가운데 하나일 것이다.

이처럼 신연두의 시는 자연과 인간에 대한 이해와 관심과 정성이 체화되어 있다. 자연히 그의 시들은 숲과 나무, 꽃과 사람, 바다와 기억, 회고와 소망으로 가득차서 마음이 푸르러지고 따뜻해지는 느낌을 받는다. 시인의 이런 자연관과 인간관은 훈련과 교육으로 되는 것이 아닌 것 같다. 이미 만들어진 천성일 것이다. 많은 사람들이 신연두의 시집을 읽어가면서 한 자연주의자, 한 인간주의자가 차려 놓은 풍성하고 맛있는 서정의 식탁에서 한때의 즐거움을 맛보길 바란다.